OXFORD
take off in
Portuguese

Michael Harland
Ana Saldanha de Brito

OXFORD
UNIVERSITY PRESS

OXFORD
UNIVERSITY PRESS

Great Clarendon Street, Oxford OX2 6DP

Oxford University Press is a department of the University of Oxford.
It furthers the University's objective of excellence in research, scholarship,
and education by publishing worldwide in

Oxford   New York

Athens Auckland Bangkok Bogotá Buenos Aires Calcutta
Cape Town Chennai Dar es Salaam Delhi Florence Hong Kong Istanbul
Karachi Kuala Lumpur Madrid Melbourne Mexico City Mumbai
Nairobi Paris São Paulo Shanghai Singapore Taipei Tokyo Toronto Warsaw

with associated companies in Berlin Ibadan

Oxford is a registered trade mark of Oxford University Press
in the UK and in certain other countries

Published in the United States
by Oxford University Press Inc., New York

British Library Cataloguing in Publication Data

Data available

Library of Congress Cataloging in Publication Data

Data available

ISBN 0–19–860313-4 (Book and cassettes)
ISBN 0–19–860314-2 (Book and CDs)
ISBN 0–19–860315-0 (Book only)

1 3 5 7 9 10 8 6 4 2

Commissioning and editorial development: Tracy Miller
Project management: Natalie Pomier
Audio production: Martin Williamson, Prolingua Productions
Music: David Stoll
Design and typesetting: Oxford Designers & Illustrators

Every effort has been made to contact the copyright holders of the
illustrative material in this title. If notified, the publisher will be
pleased to amend the acknowledgement in any future edition.

Printed in Great Britain by
Cox and Wyman Ltd.
Reading Berks

Contents

Introduction

Oxford Take Off in Portuguese is designed to help the beginner develop the basic language skills necessary to communicate in Portuguese in most everyday situations. It is intended for learners working by themselves, providing all the information and support necessary for successful language learning.

How to use the course
The book and the recording are closely integrated, as the emphasis is on listening and speaking. The course is led by the recording, which contains step-by-step instructions on how to work through the units. The presenters on the recording will tell you when to use the recording on its own, when to use the book, and when and how to use the two together. The book provides support in the form of transcriptions of the audio material, translations of new vocabulary, and grammar explanations. You'll find this icon (ᑎ) in the book when you need to listen to the recording.

1 (recording/book) Read the unit objectives on the first page telling you what you will learn in the unit, and then begin by listening to the **dialogue** on the recording. You may not understand everything the first time you hear it, but try to resist the temptation to look at the transcript in the book. The first activity on the recording will help you develop your listening skills by suggesting things to concentrate on and listen out for. You'll be given the opportunity to repeat some of the key sentences and phrases from the dialogue before you hear it a second time. You may need to refer to the vocabulary list (book) before completing the second activity (book). Listen to the dialogue as many times as you like, but as far as possible try not to refer to the dialogue transcript (book).

2 (book) Once you have listened to all the new language, take some time to work through the **Vocabulary, Language Building,** and **Activities** in the book to help you understand how it works.

3 (recording) Then it's time to practise speaking. First you'll find **Pronunciation practice** on the recording, focusing on an aspect of pronunciation that occurs in the dialogue. Next is the **Your turn** activity. You will be given all the instructions and cues you need by the presenter on the recording. The first few times you do this you may need to refer back to the vocabulary

and language building sections in the book, but aim to do it without the book after that.

4   (book) The fourth learning section, **Culture**, concentrates on reading practice. Try reading it first without referring to the vocabulary list to see how much you can already understand, making guesses about any words or phrases you are not sure of. The activities which accompany the text will help you develop reading comprehension skills.

5   (recording/book) For the final learning section, return to the recording to listen to the **Story**. This section gives you the opportunity to have some fun with the language and hear the characters in the story use the language you have just learnt in different situations. The aim is to give you the confidence to cope with authentic Portuguese. There are activities in the book to help you.

6   (book) Return to the book, and work through the activities in the **Test** section to see how well you can remember and use the language you have covered in the unit. This is best done as a written exercise. Add up the final score, and if it is not as high as you had hoped, try going back and reviewing some of the sections.

7   (recording/book) As a final review, turn to the **Summary** on the last page of the unit. This will test your understanding of the new situations, vocabulary, and grammar introduced in the unit. Use the book to prepare your answers, either by writing them down or speaking aloud, then return to the recording to test yourself. You will be given prompts in English on the recording, so you can do this test without the book.

8   (book) At the very end of each unit you will find some suggestions for **revision** and ideas for further extending your practice with the language of the unit.

Each unit builds on the work of the preceding units, so it's very important to learn the vocabulary and structures from each unit before you move on.

There are review sections after units 3, 7, 10, and 14 for you to test yourself on the material learned so far.

Other support features
If you want more detailed grammar explanations than those given in the Language Building sections, you will find a *Grammar Summary* at the end of the book. For a definition of the grammar terms used in the course, see the *Glossary of Grammatical Terms* on page 243.

The *Answers* section supplies the answers to all the book activities. Many of the test sections end with a short exercise requiring information about yourself. In such cases the Answers section will give sample answers to indicate the key phrases you should use, but you may need to check some vocabulary in a dictionary.

At the end of the book you'll find a comprehensive Portuguese–English *Vocabulary*.

The Portuguese Language

Portuguese is widely spoken throughout the world, being the eighth in importance, and the third most spoken language in the western world. It is the mother-tongue of some 170 million people (in Brazil and Portugal), and a further 30 million people speak it as either an official or second language (in Angola, Cape Verde, Guiné Bissau, Mozambique, São Tomé e Príncipe, Macau, and East Timor).

The aim of this course is to introduce Portuguese as it is spoken in Portugal and most other Portuguese-speaking countries. Note, however, that Brazilian Portuguese is quite distinct, but in many ways easier to pronounce and understand, so if you can master European Portuguese you will easily adapt to Brazilian. (See page ix of this Introduction for the main differences between European and Brazilian Portuguese.)

Although you may never have come across any Portuguese, Portuguese and English share a common European origin, so that many words are similar despite differences in spelling. As you progress through your studies, patterns will start emerging: you will be able to guess the meaning of many words, and perhaps even be bold enough to make up some words and get them right.

Portuguese has always been open to foreign influences and its historic position in the world has brought it into contact with many other languages and cultures. As a result of this it has borrowed from many sources over the years, some of them English: **uma sanduiche** (or **sande**), **um uísque**, **o marketing**, and, more recently, **a web** and **on-line** are but a few examples.

As Portuguese (like French, Italian, Spanish, and Romanian) belongs to the Romance group of European languages that are derived from Latin, nouns are either masculine or feminine, and articles and adjectives have to agree with the nouns they accompany. Portuguese has a greater range of tenses than English, and verbs need to be conjugated. Portuguese also has different ways of addressing people, depending on the level of formality (**tu** is the informal and **você** the formal form for 'you'), and this affects pronouns and possessive forms, as well as verbs.

Like English, Portuguese is not a simple phonetic language: a single sound can be represented by a variety of different spellings, and one single letter can correspond to a variety of different pronunciations. You must therefore concentrate on learning words as you hear them and imitating the native pronunciation.

Learning to communicate in another language may be challenging, but it is also a very rewarding and enriching experience. Most Portuguese speakers you will come across will be impressed by your attempts and be very eager to encourage a person who has taken the trouble to learn their language. It can be fun too! We have made this course as varied and entertaining. we hope you enjoy

Pronunciation

To achieve good pronunc there is no substitute for lis carefully to the recording and possible, to Portuguese native speakers, and trying to reproduce the sounds you hear. Here are a few guidelines for you to keep in mind when doing so. You will find this section most useful if you listen to the Pronunciation section on the recording as you read it.

Vowels

Vowels in Portuguese are pronounced according to whether they are stressed or not. They can be long or short and they can be 'coloured' (e.g. nasalized) by other vowels or consonants around them. What follows can therefore only be a general guide and sounds are best learnt by imitation of native speech.

Stressed

Written as	Phonetic symbol	English approximation	Example
a, á, à	/a/	short as in cat	massa, pá
a, â	/ɐ/	more closed as in farm	contemporâneo
e, é	/ɛ/	short as in let	belo, ela, pé
e, ê	/e/	long as in whey	cedo, ele, lê
o, ó	/ɔ/	short as in lost	molha, pó
o, ô	/o/	long as in low	polvo, avô
i	/i/	long as 'ee' in keen	fino, senti
u	/u/	long as 'oo' in soon	uma, fruta

Unstressed

When not stressed the vowels a, e, and o tend to be softened and have a neutral sound like English 'uh' [ɐ] and 'oo' [u] bola, se, caso.

	Phonetic symbol	English approximation	Example
		'owng' like 'lounge'	falam, mão
		'ang' like 'pang'	lã, alemã, santo
		'aing' like 'eying'	mãe
		'ng' like 'angel'	tempo, cento
		'ong' like 'song'	som, conto
	/oĩ/	'oing' like 'boing'	põe, nações
-im, -in-	/ĩ/	'eeng' like 'seeing'	fim, sim, sinto
-um, -un-	/ũ/	'oong' like 'doom'	um, comum, junto

Vowel combinations (diphthongs)

Stress is usually on the first vowel of the two, but there are many exceptions.

ai, au, ei, eu, iu, oi, ou, ui   pai, mau, sei, teu, pediu, foi, sou, fui

             but   sair, ainda

Consonants

Most consonants are pronounced as in English. There are a few exceptions and some others which cause special problems according to their position in a word,

Written as	Phonetic symbol	English approximation	Example
c	/k/	'c' as in 'cat'	pouco, como
c + i/e	/s/	'c' as in 'centre'	cinema, doce
ç	/s/	'c' as in 'centre'	faço
g	/g/	'g' as in 'gate'	gordo, grande
g + i/e	/ʒ/	as 's' in 'leisure'	gelado, dirigir
h		silent	há, hotel
j	/ʒ/	as 's' in leisure	deseja, Junho
rr, initial r	/ʀ/	as in French	repetir, arroz
s between vowels	/z/	's' as in 'as'	uso, caso
s final	/ʃ/	'sh' as in 'ash'	os, dois
z final	/ʃ/	'sh' as in 'ash'	luz, faz
x	/s/	'ss' as in 'assassin'	próximo
	/z/	'z' as in 'zoo'	exame, exemplo

Consonant combinations

Written as	Phonetic symbol	English approximation	Example
ch	/ʃ/	'sh' as in 'ash'	a**ch**o, **ch**amar
lh	/ʎ/	'li' as in million	fo**lh**a, o**lh**o
nh	/ɲ/	'ni' as in o**ni**on	ba**nh**o, di**nh**eiro
gu + i/e	/g/	hard **g** [**u** *not* pronounced]	**gu**erra, **gu**iché
gu + *other letters*	/gw/	**gw** [**u** *pronounced*]	a**gu**a, **gu**ardar
qu + i/e	/k/	**k** [**u** *not* pronounced]	**qu**ilo, a**qu**ela
		but some exceptions:	tran**qu**ilo, cin**qu**enta
qu + *other letters*	/kw/	**kw** [**u** *pronounced*]	**qu**ando, **qu**atro

Stress

Words in Portuguese are stressed as follows.

1 Words ending in a weak vowel (**a**, **e**, **o**) or the consonants **m** or **s**: on the penultimate syllable – geogra**fi**a (geography), **pon**te (bridge), **ca**ro (dear), **que**rem (they want), **co**mes (you eat), **pi**res (saucer)

2 Words (usually verbs) ending in a strong vowel (**i**, **u**) or a diphthong: on the last syllable – sen**ti** (I felt), ca**ju** (cashew), fa**lou** (s/he spoke), sa**iu** (s/he went out)

3 Words ending in any other consonant: on the last syllable – fa**lar** (to speak), ho**tel** (hotel)

4 In all other cases of irregular stress an accent is required. An acute (´) accent is used to mark a stressed vowel when it is short; a circumflex (^) when it is long.

rápido (fast), po**lí**cia (police), his**tó**ria (history), a**vô** (grandfather)

A brief guide to variations in Brazilian Portuguese

There are many regional differences even within Brazil itself, so only general guidance can be given here.

Pronunciation

- All vowels are pronounced and there is a general tendency towards longer vowels, e.g. final **e**, usually unpronounced in Portuguese, is pronounced 'ee' - es**te** (es-tch**ee**).

- The 'sh' sound sometimes used to pronounce 's' and 'z' is avoided in Brazilian.

- The combinations **de**, **di** / **te**, **ti** are often pronounced 'dji' / 'tchi') – bom **di**a (bon dji-a), **di**ferente (dji-feren-tchi).

- 'r' at the beginning of a word or 'rr' in the middle of a word are pronounced like the **ch** of the Scottish pronunciation of 'lo**ch**' – terra (te-**ch**a).
- Final l is often pronounced **w** – **final** (finaw).

Spelling

- The letters 'c' and 'p' in front of other consonants (-ct-, -cc-, -cç-, -pt-, -pç-) are lost when not pronounced, being simplified to (-t-, -c-, -ç-, -t-, -ç-). Words like **facto, excepto, acção, baptismo, óptimo, acto, director** become **fato, exceto, ação, batismo, ótimo, ato, diretor**.

Accents

As mentioned, there is a tendency to lengthen vowels, so that acute accents which mark short vowels either disappear or become circumflex accents, marking a long vowel.

    á (the accent in the past tense of **-ar** verbs) is lost:

$$\text{comprámos} \rightarrow \text{compramos}$$

    é becomes a circumflex: **ténis** → **tênis**

    ó becomes a circumflex: **cômico, quilômetro, ônus**

Brazilian also puts an umlaut accent on the combinations **qu** and **gu** when the **u** is pronounced: **tranqüilo, agüentar**.

Grammar

- 'you' (singular) is **você**, used with the 3rd person form of the verb There is no distinction between formal and informal usage.
- The position of pronouns with verbs is much more lax; they tend to go in front of the verb: Ele **me** disse que …
- Direct object pronouns are often avoided and the subject pronouns used instead: Eu vi **ele**. I saw him.
- The combination of direct and indirect pronouns (e.g. **me + o = mo**) is often avoided by using **a, para**, etc.: Ele **o** deu **para mim**. He gave it to me.
- Instead of **há** ('there is'/'there are'), Brazilian uses **tem**.
- Continuous tenses do not use **estar** + **a** + the infinitive, but **estar** + the present participle.
  Ele estava **comendo**. He was eating.
- The definite article is not used with possessives: **Meu** pai não vem.

Usage

Perhaps the greatest difference is in the vocabulary used and the idiomatic and colloquial expressions of Brazil: e.g. 'to catch a taxi' uses **pegar** rather than **apanhar**. These kinds of difference are easily
x learnt through contact with everyday Brazilian.

Starting out
Vamos lá!

OBJECTIVES

In this unit you'll learn how to:

- ✓ greet people in Portuguese
- ✓ use simple everyday phrases
- ✓ order snacks and drinks

And cover the following grammar and language:

- ✓ intonation
- ✓ different forms of address
- ✓ the definite and indefinite articles
- ✓ masculine and feminine nouns
- ✓ numbers up to 30
- ✓ the verb **estar** ('to be')

LEARNING PORTUGUESE 1

When listening to audio material you aren't expected to understand everything first time round. If you play the same piece several times, you will most probably understand something new each time. Learn to make the maximum use of all the clues you can pick up. For example, how do the speakers sound? Happy? Angry? Calm? Thinking about the context will make unknown words easier to work out.

You can improve your pronunciation just by listening to the course recordings and recording yourself speaking. First of all, listen to the stress, intonation, and rhythm of people speaking Portuguese on the recording, then try to reproduce it yourself. It's all good practice. Start by doing this with individual words, and then build up to longer sentences.

Now start the recording for Unit 1.

1.1 Greetings

Bom dia!

ACTIVITY 1 is on the recording.

ACTIVITY 2

Decide for each conversation whether the people are meeting or parting.

DIALOGUE 1

○ Olá! Bom dia!
■ Olá! Bom dia! Como estás?
○ Bem, obrigado.

▼ Boa noite!
● Boa noite. Até amanhã.

○ Adeus, Ana.
■ Adeus, Miguel. Até logo!

▼ Boa tarde a todos.
● Boa tarde, Senhor Soares. Como está?
○ Boa tarde, Dona Teresa. Bem, obrigado.

○ Olá. Tudo bem?
■ Tudo bem.

VOCABULARY

olá	hi, hello
bom dia	good morning
como estás?	how are you? [*to a good friend*]
bem	fine
obrigado/a	thank you [*said by a man/a woman*]
boa noite	good evening, good night
até amanhã	see you tomorrow
adeus	goodbye
até logo	see you later
boa tarde	good afternoon
a todos	to everybody
Senhor	Mr
como está?	how are you? [*formal*]
Dona	Mrs
tudo bem?	everything OK?

✓ Intonation

Intonation is important in Portuguese as it can affect the meaning of what you say. For example, a phrase like **tudo bem** can be used both as a question and as an answer. When it's a question, the voice goes up at the end; for a statement it goes down. As you'll hear on the recording, it's quite easy to distinguish them. There will be more about this in later units.

Tudo bem? Everything OK?
Tudo bem. Everything's fine.

✓ Forms of address

Titles such as **Senhor** (to a man), **Dona** (to a woman), and **Menina** (to a young woman) are used differently in Portuguese from the English equivalents of 'Sir', 'Madam', and 'Miss'.

To address a man whose name you know, use **Senhor** plus his surname: **Senhor Soares**; to address an older woman you know **Dona** can be used with her christian name: **Dona Teresa**; to address a younger woman you use **Menina**. In formal language, such as a waiter might use to a customer, you'll also hear **o senhor** and **a senhora** on their own as terms of address.

ACTIVITY 3

Find the right phrase for each of the following situations.

1 You're saying good night to a group of Portuguese friends.
2 You're greeting your Portuguese neighbour in the morning.
3 A Portuguese colleague in your office is going home at the end of the day.
4 You're arriving at your hotel in the afternoon and are greeting the man at reception.

a Bom dia. Como estás?
b Boa tarde.
c Até amanhã.
d Boa noite a todos.

Now do activities 4 and 5 on the recording.

(1.2) Ordering in a cafe
No café

 ACTIVITY 6 is on the recording.

ACTIVITY 7

A Which of the following phrases can you hear?
1 Obrigada.
2 Bom dia.
3 Muito bem.
4 Até logo.
5 Por favor.

B Which of the phrases above would you use:
1 when you leave?
2 to thank someone if you are a woman?
3 to express your agreement?

DIALOGUE 2

○ Boa tarde. Faz favor?
■ Boa tarde. Um café e uma água mineral, por favor.
○ E a senhora?
▼ Um café e um pastel de natas, por favor.
○ Muito bem. E o senhor?
● Uma cerveja e dois bolinhos de bacalhau, por favor.
○ Os dois cafés . . . o pastel de natas . . .
▼/■ Obrigada.
○ E uma cerveja e dois bolinhos de bacalhau.
● Obrigado.

VOCABULARY	
faz favor	what can I get you? [*also* excuse me]
um/uma	one, a
um café	café; a (cup of) black coffee
e	and
uma água mineral	mineral water
por favor	please
um pastel de natas	custard tart
muito bem	good, OK
uma cerveja	beer
dois	two
um bolinho de bacalhau	cod fishcake

4

⊘ The definite article and the indefinite article

All Portuguese nouns have a gender, i.e. they are either masculine or feminine, and this determines the form of the accompanying article ('the'/'a').

	masculine		*feminine*	
	singular	*plural*	*singular*	*plural*
the	**o**	**os**	**a**	**as**
a/an, some	**um**	**uns**	**uma**	**umas**

⊘ Nouns

When you learn a new Portuguese noun, learn it with its article as it's important to know whether it's masculine or feminine.

masculine		*feminine*	
o senhor	man	**a senhora**	woman
o dia	day	**a noite**	night
o pastel	cake	**a tarde**	afternoon

⊘ Plurals (1)

Most nouns and adjectives form the plural by adding an **s**.
You can already see this above in the articles: **o → os** and **a → as**.

o dia → **os dias**   a noite → **as noites**   o café → **os cafés**

ACTIVITY 8

Complete the text with the correct forms of the indefinite article – **um**, **uma**, **uns**, or **umas**.

A Boa tarde. _____ café e _____ pastel de natas, por favor.

B E o senhor?

C _____ bolinhos de bacalhau e _____ cerveja, por favor.

B Muito bem, e _____ pizas?

C Não, obrigado.

ACTIVITY 9

Practise ordering some food and drink yourself.

1 Two teas and a custard tart.

2 A lemonade and a mineral water.

3 Two coffees and a beer.

4 A pizza and two cod fishcakes.

 Now do activities 10 and 11 on the recording.

ACTIVITY 12 and **13** is on the recording.

ACTIVITY 14

Complete the shopping list for the party. Look at the numbers on page 7 if you need help.

Item	white wine	red wine	lemonade	orange juice	beer
Quantity					

DIALOGUE 3

○ Ora bem. Cervejas?

■ Sim! Dez ou doze garrafas.

○ Dez ou doze? Não! Vinte, pelo menos.

■ E vinho?

▼ Sim, quatro ou cinco garrafas de vinho tinto e duas ou três de vinho branco.

○ Só oito garrafas de vinho?

▼ Nove garrafas de vinho tinto e seis garrafas de vinho branco. Então e água?

● Não! Água não. Sete garrafas de limonada e três garrafas de sumo de laranja, e maçã.

■ Tudo bem. . . Para treze convidados!?

VOCABULARY	
ora bem	right then
sim	yes
ou	or
a garrafa	bottle
não	no
pelo menos	at least
o vinho tinto	red wine
o vinho branco	white wine
então	so
o sumo	juice
a laranja	orange
a maçã	apple
para	for
o/a convidado/a	guest

✓ Numbers up to 30

1 um/uma	9 nove	17 dezassete
2 dois/duas	10 onze	18 dezoito
3 três	11 doze	19 dezanove
4 quatro	12 doze	20 vinte
5 cinco	13 treze	21 vinte e um/uma
6 seis	14 catorze	22 vinte e dois/duas
7 sete	15 quinze	23 vinte e três, etc.
8 oito	16 dezasseis	30 trinta

✓ estar ('to be') – irregular verb

(eu)	estou	I am
(tu)	estás	you are [*informal*]
(ele/ela; você)	está	he/she is; you are [*formal*]
(nós)	estamos	we are
(eles/elas; vocês)	estão	they are [*masc./fem/*]; you are

General points to note about verbs

– The pronoun (**eu**, **tu**, etc.) is generally not needed, as the verb ending tells you who is doing the action: **s**ou o Paulo ('I'm Paulo').

– The **tu** form is used only when speaking to someone you know very well, such as a friend or relative. The **você** form is used when speaking to a person you don't know well; to be very polite, use o **senhor**/a **senhora** (the equivalent of 'sir'/'madam'): these polite forms all take the third person singular form of the verb.

ACTIVITY 15

Match the following words and numbers.

2   12   20   3   13   30   4   14   5   15

cinco   três   dois   treze   doze
trinta   quinze   catorze   vinte   quatro

ACTIVITY 16

Practise saying the following numbers. You can also use the recording to check that you've got them right.

7, 9, 10   11, 16, 18   21, 26, 29

Now do activities 17 and 18 on the recording.

Cafés in Portugal
Cafés em Portugal

It is quite usual for people to drink their coffee at the counter and even have light meals in cafés at lunchtime. Cafés can roughly be divided into two types: **pastelarias** have a bigger variety of cakes, but **cafés** also sell cakes. Some cafés are worth a visit for their interesting atmosphere and décor – in particular, 'A Brasileira' in Lisbon and the 'Majestic' in Oporto.

CAFÉS   PASTELARIAS   RESTAURANTES

Café 'Bom Dia'

café – chá – bebidas variadas
bolos – pizas – bolinhos de bacalhau

Avenida de Londres, 23
tel: 5243678

PASTELARIA 'DOÇURAS'

bolos variados
chá — café — bebidas variadas

Rua da Inglaterra, 14   tel: 4517896

RESTAURANTE
'Bom Apetite'

- especialidades do Algarve
- serviço à lista
- vinhos de qualidade

Rua de Albufeira, 18   tel 234576

a bebida	drink
variado/a	various
o bolo	cake
o bacalhau	cod [*dried and salted*]
a avenida	avenue
a doçura	sweetness
a rua	street
as especialidades	specialities
serviço à lista	*à la carte*
a qualidade	quality

ACTIVITY 19

You're looking for a place to eat. Using the adverts in the Yellow Pages, choose one of these places (**café, restaurante, pastelaria**) to:

1 eat a quick snack.
2 have a full meal.
3 have a coffee and a cake.

ACTIVITY 20

You are at the Pastelaria Doçuras and you want to order a coffee, a tea, and two cakes. What do you say to the waiter?

UM CAFÉ, POR FAVOR
A COFFEE, PLEASE

The scene takes place at the Pastelaria Doçuras, a café/cake shop in a Portuguese city, which is owned and run by dona Rosa. Two regular customers have just come in, Rodrigo, a fashion photographer and Sara, a model.

a doçura	sweetness
estar de dieta	to be on a diet
mas	but
muito	very
magro/a	thin
o croissant	croissant
óptimo/a	great, wonderful
a nata	cream
pronto	right, so
com gás	sparkling
sem gás	still
a caloria	calorie

ACTIVITY 21

Listen to the recording and decide whether the following statements are true (**Verdadeiro**) or false (**Falso**). Correct those which are false.

1 Rodrigo orders a coffee and a croissant. V / F
2 Dona Rosa thinks Sara is quite thin. V / F
3 Sara is on a diet. V / F
4 The croissants are a bit stale. V / F
5 Senhor Anselmo is a friend of Rodrigo's. V / F
6 Sara is only going to have a mineral water. V / F

ACTIVITY 22

Who's speaking: Sara or dona Rosa?

1 Bom dia, menina Sara.
2 Bem, obrigada.
3 Uma água mineral. Estou de dieta!
4 Mas a menina é muito magra!
5 Só uma água. E um café.
6 A água é com gás ou sem gás?

STORY TRANSCRIPT

Rodrigo	Bom dia, dona Rosa.
Dona Rosa	Bom dia, senhor Rodrigo. Bom dia, menina Sara. Como estão?
Rodrigo	Bem, obrigado, e a senhora?
Dona Rosa	Bem, obrigada. Faz favor? – Até logo, senhor Anselmo.
Rodrigo	Um café e um pastel de nata, por favor. E tu, Sara?
Sara	Uma água mineral. Estou de dieta!
Dona Rosa	De dieta!? Mas a menina é muito magra! Os croissants estão óptimos. – Aida, um croissant para a menina Sara.
Sara	Não, obrigada. Só uma água. E um café. – Olá, Sofia!
Rodrigo	Pronto, dois cafés, um pastel de nata e uma água mineral.
Dona Rosa	A água é com gás ou sem gás?
Rodrigo	A água sem gás tem menos calorias, Sara . . .

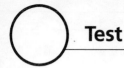

Test

Now it's time to test your progress in Unit 1.

1 Match the phrases 1–8 with their English equivalents from a–h.

1	obrigada	a	hello
2	boa tarde	b	so
3	bom dia	c	good afternoon
4	pronto	d	good evening/night
5	até logo	e	good morning
6	boa noite	f	please
7	olá	g	see you later
8	por favor	h	thank you

8

2 Put the sentences in order to create a dialogue. Start with **a**.

a Olá, Miguel!
b Bem, obrigada. E tu?
c Um café, por favor. E tu, Maria?
d Bem, obrigado.
e Um chá. Estou de dieta!
f Olá, Maria! Como estás?

5

3 Use **um** or **uma** to complete the following dialogue.

○ Faz favor?
■ _____ bolinhó de bacalhau e _____ cerveja, por favor.
○ Pronto. E para a senhora?
▼ _____ pastel de natas e _____ café, por favor.
   Não. _____ piza e _____ café, por favor.
○ Muito bem.

6

4 Complete the series.

1 nove, sete, cinco, _____ ,um
2 dois, quatro, seis, _____ ,dez
3 um, onze, _____ , trinta e um
4 doze, vinte e quatro, _____
5 dez, quinze, vinte, vinte e cinco, _____
6 dois, treze, _____ , trinta e cinco
7 vinte, doze, dois, trinta, _____ ,três
8 dezasseis, quinze, catorze, treze, _____ ,onze
9 seis, doze, _____ , vinte e quatro, trinta

| 9 |

5 How would you say the following things in Portuguese?
(2 points for each correct answer, 1 point if you make
only one error)

1 Ask for three bottles of orange juice.
2 Order a coffee and a custard tart in a café.
3 Order a mineral water and a beer in a café.
4 Say 'goodbye' and 'see you later' to someone.
5 Greet a group of Portuguese people in the evening.
6 Greet the hotel receptionist in the morning.
7 Thank your hotel receptionist.
8 Wish some friends 'good night' and say you'll see
  them tomorrow.

| 16 |

TOTAL SCORE | 44 |

If you scored less than 34, go through the dialogues and the
Language Building sections again before completing the
Summary on page 14.

Summary 1

 Now try this final test summarizing the main points covered in this unit. You can check your answers on the recording.

How would you:
1 greet someone during the day? in the evening?
2 say 'goodbye' and 'good night'?
3 address a man whose surname is Teles? a woman you know called Maria? a young woman?
4 say 'please' and 'thank you'?
5 order a custard tart and a coffee?
6 order 7 bottles of beer?
7 count up to 10?

REVISION

Before moving on to Unit 2, play Unit 1 through again and compare what you can say and understand now with what you knew when you started. Go over any vocabulary you still feel unsure of.

Once you have worked through the next few units, come back to Unit 1 again. It will help you reinforce what you have learnt.

Where to stay?
Onde ficar?

OBJECTIVES

In this unit you'll learn how to:

✓ book a hotel room

✓ give personal details

✓ describe places

✓ say where you live and come from

And cover the following grammar and language:

✓ regular adjectives

✓ the verb **ser** ('to be')

✓ the verb **ficar** ('to be') to express location

✓ plurals

✓ the irregular verb **ter** ('to have')

✓ regular verbs ending in **-ar**

✓ **de** and **a** + the definite article

✓ **onde?** ('where?') and **como?** ('how?')

✓ the numbers 40–100+

✓ adjectives of nationality

LEARNING PORTUGUESE 2

Each unit has been divided into manageable sections (2.1, 2.2, 2.3, etc.), so it is a good idea to aim to do one complete section at a time, then stop to practise and learn the vocabulary.

It also helps if you can learn with someone else. If you can persuade a friend to study with you, it will give you an extra impetus to keep working. Agree times to meet and goals for the week, and test each other regularly.

 Now start the recording for Unit 2.

2.1 A double room

Um quarto duplo

🎧 **ACTIVITY 1** is on the recording.

ACTIVITY 2

Answer these questions **sim** ('yes') or **não** ('no').

1 A vila tem um hotel?
2 A vila tem uma pensão?
3 A pousada tem piscina?
4 A pousada é barata?

DIALOGUE 1

○ Então, a vila tem um hotel . . .
■ Não, a vila não tem hotéis. Tem uma pensão e uma pousada.
▼ A pousada tem piscina?
■ Tem piscina e parque de estacionamento.
○ Óptimo! É ideal para um fim de semana.
■ Então, é um quarto duplo, ou dois quartos individuais?
○ Um quarto duplo, com duche ou casa de banho completa.
■ Muito bem. Com duche, é cinquenta e cinco contos.
▼ Cinquenta e cinco contos!? É caro. E a pensão?
○ É barata? . . . A vila tem parque de campismo?

VOCABULARY	
a vila	village, small town
tem	it has
o hotel	hotel
a pensão	B & B
a pousada	state-owned luxury hotel
a piscina	swimming pool
o parque de estacionamento	car park, parking lot
ideal	ideal
o fim de semana	weekend
óptimo!	great!
o quarto duplo	double room
os quartos individuais	single rooms
com duche	with shower
com casa de banho completa	with en suite bathroom
um conto	one thousand escudos
caro/a	expensive
barato/a	cheap
o parque de campismo	campsite

LANGUAGE BUILDING

✓ Regular adjectives

Regular adjectives in Portuguese end in -o in the masc[uline]
form and -a in the feminine singular. The plural forms [...]

sing. m.	sing. f.	plur. m.	plur. f.	
bonito	**bonita**	**bonitos**	**bonitas**	pretty
caro	**cara**	**caros**	**caras**	expensive

A menina é **bonita**. The girl is pretty.
Os hotéis são **caros**. The hotels are expensive.

✓ ser ('to be') – irregular verb

(eu)	**sou**	I am
(tu)	**és**	you are [*informal*]
(ele/ela; você)	**é**	he/she is; you are [*formal, singular*]
(nós)	**somos**	we are
(eles/elas; vocês)	**são**	they are [*masc./fem*]; you are [*plural*]

ser describes essential features which are long-lasting:
  Ela é bonita. She is pretty. Ele é escritor. He is a writer.
  Onde é o banco? Where is the bank? [i.e. its permanent position]

estar describes a more temporary state which could change:
  Ela **está** doente. She is ill. Ele **está** contente. He is happy.

ficar is used when describing location and asking for directions.
  Onde **fica** o hotel? Where is the hotel? [i.e. where is it situated?]

✓ Plurals (2)

The following endings form irregular plurals:

Words ending:
-ão usually change to -ões:	pensão → pensões
-l usually change the -l to -is:	ideal → ideais
-s usually add -es:	francês → franceses
-m usually change to –ns:	homem → homens

ACTIVITY 3

Listen to Dialogue 1 again. Which of these descriptions
matches the village?

A	**B**	**C**
uma pensão	uma pensão	duas pensões
duas pousadas	uma pousada	dois hotéis

 Now do activities 4 and 5 on the recording.   17

We have a reservation ...

Temos um reserva ...

ACTIVITY 6 is on the recording.

ACTIVITY 7

Tick the boxes in the grids which are correct.

Nome	✓?
Francisco Santos	
Júlia Santos	
Francisco Moreira	
Moreira Santos	

Quarto	✓?
onze	
dois	
vinte e um	
doze	

DIALOGUE 2

○ Boa tarde. Temos uma reserva para o fim de semana.

■ Uma reserva . . . para o fim de semana . . . O nome, por favor?

▼ Eu chamo-me Francisco Moreira.

○ E eu chamo-me Júlia Santos.

■ Moreira . . . Moreira . . . Santos . . . Não, não encontro.

▼/○ Oh, não!

■ Mas temos quartos vagos. Um quarto duplo?

○ Não, dois quartos individuais, por favor.

■ Dois quartos individuais . . .

○ E os quartos, onde são?

■ O quarto n° 12 fica ao lado da recepção, em frente do quarto n° 11 . . .

○ Óptimo!

■ E o quarto n° 11 fica perto do bar.

▼ Oh, não!

VOCABULARY

a reserva	reservation
o nome	name
eu chamo-me	I'm called, my name is
encontrar	to find
vago/a	vacant
ao lado de	next to, beside
a recepção	hotel reception
em frente de	opposite
perto de	close to, near
o bar	bar

☑ *ter* ('to have') – irregular verb

(eu)	**tenho**	(nós)	**temos**
(tu)	**tens**	(eles/elas; vocês)	**têm**
(ele/ela; você)	**tem**		

☑ Regular verbs ending in -ar

To form the present tense of **-ar** verbs, the following endings are added to the verb stem (the verb without the **-ar** ending).

encontrar ('to find')

(eu)	**encontro**	(nós)	**encontramos**
(tu)	**encontras**	(eles/elas; vocês)	**encontram**
(ele/ela; você)	**encontra**		

☑ *de* and *a* + definite article

When the prepositions **de** ('of', 'from') and **a** ('to') are followed by the definite article, the words combine as follows:

	o	*a*	*os*	*as*
de	**do**	**da**	**dos**	**das**
a	**ao**	**à**	**aos**	**às**

do hotel – from the hotel   **da** viagem – of the trip
ao banco – to the bank   **à** estação – to the station

☑ *onde?* ('where?') and *como?* ('how?')

Onde é o hotel? Where is the hotel?
Como encontro a pensão? How do I find the B & B?
Como estás? How are you?

ACTIVITY 8

All these statements referring to the dialogue are wrong. Write them out again correctly.

1 A reserva é para toda a semana.
2 O hotel tem um quarto vago.
3 A reserva é para um quarto duplo.
4 O quarto n° 12 fica ao lado do quarto n° 11.
5 O quarto n° 11 fica em frente do bar.

 Now do activities 9 and 10 on the recording.

2.3 Counting from 40 to 101
Os números: 40–101

ACTIVITY 11 is on the recording.

ACTIVITY 12

Which nationalities are mentioned in the dialogue?

a Portuguese	d Canadian	g Dutch
b Belgian	e Irish	h Italian
c French	f English	i Spanish

DIALOGUE 3

○ O quarto 55? São os ingleses. São de Londres. Uma médica e um advogado.

■ Ah sim? Temos um outro inglês . . .

○ De onde é?

■ É de . . . É de. . . Dublim. Não é inglês, é irlandês. O quarto é o 83. Ele é electricista.

○ E o quarto 94? São os italianos? A família italiana?

■ Não. São os espanhóis, para o fim de semana.

○ E um francês no quarto 71.

■ Ingleses, italianos, franceses, espanhóis. E portugueses?

○ Quarto 62. É arquitecta. É de Lisboa.

VOCABULARY	
inglês/inglesa	English
Londres	London
o/a médico/a	doctor
o/a advogado/a	lawyer
um/a outro/a	another
de onde é?	where is he/she from?
Dublim	Dublin
irlandês/irlandesa	Irish
o/a electricista	electrician
italiano/a	Italian
a família	family
espanhol/espanhola	Spanish
francês/francesa	French
português/portuguesa	Portuguese
o/a arquitecto/a	architect
Lisboa	Lisbon

✓ Numbers 40–101

40 **quarenta**	41 **quarenta e um/uma**	42 **quarenta e dois/duas**
50 **cinquenta**	51 **cinquenta e um/uma**	52 **cinquenta e dois/duas**
60 **sessenta**	70 **setenta**	80 **oitenta**
90 **noventa**	100 **cem**	101 **cento e um/uma**

✓ More uses of *ser*

You can use **ser** to describe your occupation or nationality.

Sou médico.	I am a doctor.	**Sou** escocês.	I am a Scot.
És arquitecta?	Are you an arquitect?	Ela **é** portuguesa.	She is Portuguese.

With the preposition **de** ('from'), you can say where you are from.

Sou de Nova Iorque. I'm from New York.

To ask where somebody comes from, you use **De onde ... ?**

De onde é o electricista? Where does the electrician come from?

✓ Adjectives of nationality

Adjectives of nationality also change ending depending on the gender and/or number of nouns to which they refer.

Ela é **australiana**. She is (an) Australian.
São **norte-americanos**. They are American(s).

Adjectives ending in -ês (**francês**, **inglês**, **português**) change as follows.

sing. m.	*sing. f.*	*plural m.*	*plural m.*	
francês	**francesa**	**franceses**	**francesas**	French

ACTIVITY 13

Match the following words and numbers.

88   92   70   101   73   60   100   64   47   55

cinquenta e cinco   setenta e três   noventa e dois
oitenta e oito   cem   quarenta e sete   setenta
sessenta e quatro   cento e um   sessenta

ACTIVITY 14

Practise saying the following numbers. You can also use the recording to check that you've got them right.

77, 49, 100, 51, 86, 98, 61, 101, 54

Now do activities 15 and 16 on the recording.

Alojamento

There is a wide variety of types of holiday accommodation in Portugal, to suit all tastes and budgets. **Hotéis** and **pensões** are like most hotels and B & Bs elsewhere. **Pousadas** are top-grade, state-owned hotels, usually conversions of convents, palaces, and other buildings of historical interest (**de interesse histórico**). Some are magnificent, such as the stunning fifteenth-century **Convento dos Lóios** in Évora. Two other forms of accommodation that have become very popular in recent years are **turismo de habitação**, where you get to stay in a family-run version of a B&B in interesting or even listed buildings, and **turismo rural**, where you can enjoy a stay on a farm.

ACTIVITY 17

Study the accommodation guide which follows. The chart gives information on three different types of accommodation. It gives the distance to Oporto, price, number of rooms, then the facilities: restaurant, bar, car park, and pool.

Complete the following statements using the information given in the guide.

1 A _____ é cara.
2 A _____ tem quinze quartos.
3 A _____ não tem bar.
4 O hotel não tem _____ .
5 A _____ tem piscina.
6 A _____ é barata.
7 A _____ não é perto do Porto.
8 A _____ não tem restaurante.

	km	$$	🛏	🍴	🍷	P	🏊
Hotel Ramires	2km	8 contos	44	✓	✓	✓	✗
Pousada das Águias	65km	20 contos	20	✓	✓	✓	✓
Pensão Nacional	1km	6 contos	15	✗	✗	✗	✗

ACTIVITY 18

Now imagine that the following people want your advice on the type of accommodation to choose for their holiday in Portugal. How do you justify your choice?

Example: A young person on a tight budget
pensão – é barata

1 A group of young backpackers.
2 A family on a relatively modest budget taking a motoring holiday.
3 A business person visiting factories in Oporto.
4 A couple on a sight-seeing holiday who are keen on historical buildings.
5 A group of young people arriving by train at night in Oporto.

O PRODUTOR DE TELEVISÃO
THE TELEVISION PRODUCER

Sara and Rodrigo are back at their usual haunt, the Pastelaria Doçuras.

They're trying to decide where to find accommodation for a visiting television producer and are arguing over the type of lodging for such an important visitor.

a agência	agency
a pessoa	person
importante	important
jovem	young
o produtor de televisão	television producer
desculpem	excuse me
procurar	to look for
ora bem	well then

ACTIVITY 19

Listen to the recording again. Which of the following phrases do you hear?

1 perto da pastelaria
2 desculpe
3 é de Inglaterra
4 com duche
5 desculpem
6 perto do museu
7 é do Porto
8 é de Lisboa

ACTIVITY 20

Listen to the recording again and help Sara and Rodrigo summarize the advantages of the various possibilities for the overnight stay of the TV producer.

1 O Hotel Europa é _____ do centro.
2 O Hotel Capital tem _____ para setenta carros.
3 A Pensão Nacional é _____ da pastelaria.
4 O Hotel Capital tem _____ .
5 O Hotel Avenida fica _____ da agência.

ACTIVITY 21

Which of the following statements apply to Jorge Santos?

1 É de Lisboa.
2 É advogado.
3 É importante.
4 É produtor de televisão.
5 É jovem.

STORY TRANSCRIPT

Sara	Bom dia, dona Rosa. Uma água mineral, por favor.
Rodrigo	Um café, por favor.
Sara	Então, é o Hotel Europa, o Capital ou o Avenida?
Rodrigo	O Hotel Europa é perto do centro, mas o Avenida fica em frente da agência . . .
Sara	O Hotel Capital tem parque de estacionamento para setenta carros. E piscina!
Rodrigo	Mas não é barato . . .
Sara	O Jorge Santos é uma pessoa importante! É um jovem produtor de televisão! É de Lisboa!
Dona Rosa	O café . . . a água mineral . . . Desculpem, mas procuram um hotel?
Rodrigo	Procuramos, dona Rosa. É para um produtor de televisão.
Dona Rosa	Ora bem, a Pensão Nacional é perto da pastelaria e muito barata. Tem quartos individuais e duplos, com duche.
Sara	Mas o Jorge Santos é uma pessoa importante! É um produtor de televisão!
Rodrigo	Sim, sim . . . E é de Lisboa. Então, reservamos quarto no Hotel Capital!

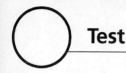

Test

Now it's time to test your progress in Unit 2.

1 Supply the correct plural form of the following words.

   1 estação
   2 italiano
   3 espanhol
   4 escocês
   5 pastel

       5

2 Complete the sentences with the correct form of either **ser** or **estar**.

   1 Eu _____ de Chicago.
   2 Elas _____ norte-americanas.
   3 O banco _____ ao lado da pensão.
   4 Nós _____ franceses.
   5 Você _____ doente.
   6 Onde _____ a Maria e o Carlos?
   7 Eu _____ em frente da estação.
   8 Eles _____ em Paris.
   9 Tu _____ bonita.
  10 Nós _____ na piscina.

       10

3 Complete the grids with the correct forms of the **–ar** verbs **ficar** and **encontrar**.

   1 **ficar**

eu	tu	ele/ela; você	nós	eles/elas; vocês

   2 **encontrar**

eu	tu	ele/ela; vocês	nós	eles/elas; vocês

       10

4 Complete each series with the correct number.

1 quarenta, sessenta, _____ , cem
2 quarenta e um, cinquenta e dois, sessenta e _____
3 oitenta e um, noventa e um, _____ e um
4 cento e quatro, setenta e três, _____
5 setenta e _____ , sessenta e seis, cinquenta e cinco, quarenta e quatro

5

5 How would you do the following in Portuguese?

(2 points for each correct answer, 1 point if you make only one error)

1 Ask for a room with a shower.
2 Ask whether the hotel is near the station.
3 You're asked your room number. Say it's room 83.
4 Tell somebody your name.
5 Ask where the swimming pool is.

10

6 Complete the following sentences with the correct form of **de** or **a** plus the article.

1 A estação fica perto _____ pousada.
2 Ao lado _____ hotel, encontras a piscina.
3 O parque de estacionamento fica em frente _____ pastelaria.
4 Uma viagem _____ vila de Afife.
5 Uma viagem _____ convento de Mafra.

5

TOTAL SCORE **45**

If you scored less than 35, go through the dialogues and the Language Building sections again before completing the Summary on page 28.

Summary 2

Now try this final test summarizing the main points covered in this unit. You can check your answers on the recording.

How would you:
1 ask for a double room?
2 say you cannot find the car park?
3 say you come from London?
4 say you're a doctor?
5 tell somebody the bank is near the pousada?
6 count in tens from 40 to 90?

REVISION

Before moving on to Unit 3, play Unit 2 through again and concentrate on how to ask questions about locations, using **Onde é ... ?/ Onde fica ... ?** and **Tem ... ?**. Also listen out for ways of describing yourself (nationality, job, etc.) and saying where things are (**ao lado de**, **em frente de**, **perto de**). Imagine you are motoring abroad and arrive in a town or village needing accommodation: practise asking what types of accommodation exist, the facilities each has (the price of a room, whether it has parking, etc.). Work through the vocabulary again before doing so.

Enjoy your meal!
Bom apetite!

OBJECTIVES

In this unit you'll learn how to:

- ✓ order food and drink items in a restaurant
- ✓ ask for information about items on the menu
- ✓ express and understand prices
- ✓ express appreciation, likes, and dislikes
- ✓ ask for the bill

And cover the following grammar and language:

- ✓ numbers 200–1000
- ✓ **quem?** ('who?'), **quanto?** ('how much?')
- ✓ **há** ('there is', 'there are')
- ✓ the irregular verbs **poder** ('to be able') and **querer** ('to want') **gostar de** ('to like')
- ✓ the negatives **nunca** ('never') and **nenhum**, ('none', 'not any')
- ✓ regular **-er** and **-ir** verbs

LEARNING PORTUGUESE 3

When you learn a language, it is important to use a wide variety of strategies to make your learning effective: you need to work out how (and when) to use the book, listen to the recordings, practise dialogues and reading aloud, learn vocabulary, write things down, and so on, so that you can practise the four basic skills of listening, speaking, reading, and writing. As a self-study learner, you should try and discover what your own particular learning style is and structure your learning accordingly.

Now start the recording for Unit 3.

29

3.1 At the restaurant

No restaurante

ACTIVITY 1 is on the recording.

ACTIVITY 2

With the help of the numbers on page 31, put the prices of the items mentioned in the dialogue into ascending order.

DIALOGUE 1

○ Quem conhece o restaurante O Regional? Conheces o restaurante, Pedro?

■ Conheço. É óptimo!

○ É caro?

■ As entradas custam entre setecentos e cinquenta escudos e mil e duzentos escudos.

○ Quanto custam os pratos principais?

■ Entre dois mil escudos e três mil e quinhentos escudos. O bacalhau assado custa dois mil e duzentos escudos. E as doses são enormes!

○ E como são as sobremesas?

■ Deliciosas! E a carta dos vinhos é enorme!

○ Os vinhos são caros?

■ Custam entre mil escudos e cinco mil escudos.

VOCABULARY	
quem?	who?
conhecer	to know [*a person or place*]
a entrada	starter, appetizer
custar	to cost
entre	between
quanto/a?	how much?
o prato principal	main dish
assado/a	roast
a dose	portion
enorme	huge
como?	how?
a sobremesa	dessert
delicioso/a	delicious
a carta dos vinhos	wine list

LANGUAGE BUILDING

✓ Numbers 200–1000

200	**duzentos/as**	500	**quinhentos/as**	800	**oitocentos/as**
300	**trezentos/as**	600	**seiscentos/as**	900	**novecentos/as**
400	**quatrocentos/as**	700	**setecentos/as**	1000	**mil**

Tens and units are added in the same way as after 100, using **e**.

234 **duzentos e trinta e quatro**   666 **seiscentos e sessenta e seis**

Note that the hundreds have a masculine and feminine form.

duzentas libras   two hundred pounds
duzentos mil escudos   two hundred thousand escudos

✓ More question words: *quem?* ('who?') and *quanto?* ('how much?')

Quem é? Who is it?
Quem tem o dinheiro? Who has the money?
Quanto custa? How much does it cost?
Os pastéis – **quanto** custam? The cakes – how much do they cost?

quanto/a/os/as is also an adjective meaning 'how much' or 'how many' and when followed by a noun it must agree.

Quantos bolos? How many cakes?
Quanta água? How much water?

ACTIVITY 3

Complete the sentences with the correct form of **quanto**.

1 _____ dinheiro tem o Miguel?
2 O vinho, _____ custa?
3 _____ cervejas tens?
4 _____ água tem a garrafa?
5 _____ bolos têm eles?

 Now do activities 4 and 5 on the recording.

3.2 What's on the menu?

O que há para comer?

ACTIVITY 6 is on the recording.

ACTIVITY 7

List the food items mentioned in the dialogue by type:
entradas, **pratos principais**, or **bebidas** (drinks).

sopa de legumes	carne de porco com amêijoas
pescada frita	vinho branco vinho tinto
sardinhas grelhadas	bolinhos de bacalhau

DIALOGUE 2

○ Conheço este restaurante. As entradas são deliciosas!
  Posso recomendar a salada de polvo e o caldo verde.

■ Há também sopa de legumes e bolinhos de bacalhau.

▼ Não gosto de polvo. Quero uma sopa de legumes.

○ Eu quero uma salada de polvo.

■ Há sardinhas grelhadas, pescada frita e bacalhau
  assado . . .

○ Uma dose de bacalhau assado, por favor.

▼ Eu não gosto de peixe. Os pratos de carne são porco com
  amêijoas, frango de piri-piri . . . Quero frango.

■ E para beber? Vinho tinto ou vinho branco?

VOCABULARY

comer	to eat
poder	to be able to
recomendar	to recommend
a salada de polvo	octopus salad
o caldo verde	cabbage soup
também	also, too
a sopa de legumes	vegetable soup
querer	to want
as sardinhas grelhadas	grilled sardines
a pescada frita	fried hake
o peixe	fish
a carne	meat
a carne de porco com amêijoas	pork with clams
o frango	chicken
o piri-piri	spicy sauce
beber	to drink

⊘ *há* ('there is' / 'there are')

You use just one expression in Portuguese to say both 'there is' and 'there are'.

Há frango assado. There is roast chicken.
Há batatas cozidas. There are boiled potatoes.

⊘ *poder* ('to be able') and *querer* ('to want') – irregular verbs

	poder	querer
(eu)	posso	quero
(tu)	podes	queres
(ele/ela; você)	pode	quer
(nós)	podemos	queremos
(eles/elas; vocês)	podem	querem

When **poder** and **querer** are followed by a verb, this verb is in the infinitive.

Quero *tomar* um café. I want to have a coffee.
Pode *trazer* a conta? Can you bring the bill?

trazer

⊘ *gostar de* ('to like')

To say you like something, you use **gostar de**. Note that **de** is omitted when there is no object.

Gostas de fruta? Do you like fruit?
Sim, **gosto**. Yes, I do.

⊘ Agreement

When an adjective refers to two nouns of mixed gender, the masculine plural form is used.

A carne e **o** peixe são delicios**os**.   The meat and fish are delicious.

ACTIVITY 8

Look at the two verbs **querer** and **poder** again. Turn the following sentences into questions by replacing the verb **querer** with the corresponding form of **poder**.

Example: **Quero** comer peixe. *Posso* comer peixe?

1 **Quero** tomar um café.
2 **Querem** beber vinho no bar.
3 **Queremos** comer sardinhas.
4 **Queres** comer polvo.
5 O empregado **quer** trazer a conta.

 Now do activities 9 and 10 on the recording.   33

I never eat puddings
Nunca como doces

ACTIVITY 11 is on the recording.

ACTIVITY 12

Tick off the items which are ordered in the dialogue.

mousse de chocolate	___	gelado de chocolate	___
café	___	flan	___
aguardente velha	___	maçã assada	___

DIALOGUE 3

○ E para sobremesa?
■ Há gelado?
○ Sim, há gelado, pudim flan, mousse de chocolate . . .
▼ Há fruta? Nunca como doces.
■ Nunca? Nunca comes nenhum doce?
▼ Não, nunca.
○ Então é um gelado de chocolate e uma maçã assada.
 Tomam café?
▼ Nunca bebo café.
■ Então, é só um café. Ah! E uma aguardente velha, faz
 favor.
■ Faz favor! Desculpe! Faz favor! Pode trazer a conta?

VOCABULARY
---

o gelado	ice-cream
o pudim flan	crême caramel
a mousse de chocolate	chocolate mousse
a fruta	fruit
nunca	never
nenhum/nenhuma	none, not any
a maçã	apple
assado/a	baked [*fruit*]
tomar	to take
a aguardente velha	*a mature brandy*
faz favor	excuse me
desculpe!	excuse me! [*also* I'm sorry, I apologize]
trazer	to bring
a conta	bill, check

✓ More negatives: *nunca* ('never') and *nenhum* ('none'/'not any')

nunca ('never') is an adverb. If placed *after* the verb you must put **não** in front, like the English construction 'not … ever'.

Nunca como fruta. I never eat fruit.
Não bebo aguardente velha **nunca**. I never drink mature brandy.

nenhum/a ('none, 'not any') is an adjective. It follows the same rule.

Não como fruta **nenhuma**.　　 I don't eat any fruit.

✓ Regular verbs ending in *-er* and *-ir*

In addition to verbs ending in **-ar**, there are two other regular verb groups, ending **-er** and **-ir**. They are very similar.

	comer – to eat	**dividir** – to divide, split
(eu)	**como**	**divido**
(tu)	**comes**	**divides**
(ele/ela; você)	**come**	**divide**
(nós)	**comemos**	**dividimos**
(eles/elas; vocês)	**comem**	**dividem**

ACTIVITY 13

Complete the verbs forms to match the English translation.

1　beb____　　you (**tu**) drink
2　com____　　we eat
3　divid____　I divide
4　quer____　　they want
5　corr____　　he runs
6　divid____　they divide
7　decid____　she decides
8　part____　　we leave

ACTIVITY 14

Two friends are choosing a dessert. Complete the dialogue using the words in the box.

bebes　não　gosto　nunca　maçã　chocolate　queres

○　E para sobremesa, _____ doce?
■　Sim, quero mousse de _____ .
○　Eu _____ como doces. Eu _____ de fruta. Quero uma _____ .
■　E café? Nunca _____ café?
○　_____ , nunca.

🎧　Now do activities 15 and 16 on the recording.　　35

3.4 | Portuguese food
Comida portuguesa

Portuguese coastal waters abound in a wide variety of fish, including the favourite **sardinhas**, but perhaps the most popular fish of all is **bacalhau** (dried and salted cod), brought from distant waters and reputedly prepared in a thousand different ways. Other typical fish and seafood (**marisco**) dishes include **caldeirada** (fish stew), **lagostins** (cray fish), and **arroz de marisco** (seafood rice). Meat dishes worth mentioning are **leitão assado** (roast suckling pig, with a cumin gravy), **cozido à portuguesa** (a stew with different meats and vegetables, all steamed – a very wholesome food!) and **rojões**, a pork dish from the Minho region, in north-west Portugal. Traditional puddings tend to be egg-based and very sweet. **Arroz doce** (rice pudding) and **leite creme** (crême brulée) will be familiar, but there are oddly named ones too, such as **papos de anjo** (angels' tummies) and **toucinho do céu** (heavenly bacon) . . .

Menu

Entradas	$
caldo verde	550$00
bolinhos de bacalhau/salada de polvo/sopa de legumes	600$00

Pratos principais	
rojões à moda do Minho	2.300$00
frango de piri-piri	1.800$00
sardinhas	1.900$00
grelhadas leitão assado	2.500$00
arroz de marisco	3.100$00
bacalhau assado	2.300$00
lagostins grelhados	2.800$00
cozido à portuguesa	2.600$00
caldeirada	3.100$00

Sobremesas	
papos de anjo	600$00
arroz doce	400$00
mousse de chocolate	450$00
leite creme	400$00
gelados	500$00
fruta	350$00

ACTIVITY 17

Opposite is a menu showing typical dishes. The main dishes are mixed-up. Can you sort them into the three categories?

peixe	marisco	carne
_____	_____	_____
_____	_____	_____
_____	_____	_____
_____	_____	_____
_____	_____	_____

ACTIVITY 18

Using the menu, how would you order a full meal (**entrada**, **prato principal**, and **sobremesa**) for the following people? There may be more than one item in each section of the menu that's appropriate.

Use **quero** and **por favor** in your orders.

Joana – loves cabbage soup, pork dishes, and chocolate.

Pedro – is mostly vegetarian, but will eat grilled fish, and doesn't like sweet desserts.

Artur – wants the cheapest meal possible.

3.5   A história modelo

UM JANTAR DE NEGÓCIOS
A BUSINESS MEAL

The TV producer has finally arrived and Sara and Rodrigo have taken him out for dinner.

sobre	about
antes	before
depois	after, afterwards
os negócios	business
está bem?	all right?
escolher	to choose
talvez	perhaps, maybe
frito/a	fried
francamente	honestly
saudável	healthy
o cozido	stew
cozido/a	boiled; stewed
chamar-lhe	to call you [*formal*]

ACTIVITY 19

Listen to the story again. Who says the following: Sara, Rodrigo, or Jorge Santos?

1 Would you like to choose a starter?
2 It's the speciality of the restaurant.
3 Don't you like pork?
4 It isn't a healthy dish.
5 May I call you Jorge?

ACTIVITY 20

Listen to the story again and explain why Sara rejects the following foods.

1 bacalhau frito
2 rojões
3 cozido

STORY TRANSCRIPT

Rodrigo	Então, o programa de televisão é sobre moda?
Jorge Santos	Sim. Mas antes comemos e depois falamos de negócios, está bem? ... Sara, quer escolher uma entrada?
Sara	Não quero entrada. Quero só o prato principal.
Rodrigo	Talvez o bacalhau frito? É a especialidade do restaurante ...
Sara	Bacalhau frito?! Gosto de bacalhau, mas nunca como fritos. Nunca!
Rodrigo	Então, e rojões?
Sara	Rojões?! Rodrigo!! Francamente! Nunca como carne de porco!
Jorge Santos	Não gosta de porco?
Sara	Não. Não é um prato saudável.
Jorge Santos	Hum ... Gosto de rojões ...
Rodrigo	É um prato delicioso! Então, são duas doses de rojões. E tu, Sara? Talvez o cozido?
Sara	Nunca como legumes cozidos! E não gosto de carne cozida.
Rodrigo	Então ...
Sara	Jorge ... posso chamar-lhe Jorge?
Jorge Santos	Claro!
Sara	Jorge, o programa de televisão ...

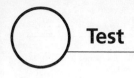

Test

Now it's time to test your progress in Unit 3.

1 Match the nouns in 1–5 with the appropriate adjective from a–e.

1	vinho	a	deliciosos
2	sardinhas	b	velha
3	aguardente	c	grelhadas
4	maçã	d	tinto
5	bolinhos de bacalhau	e	assada

5

2 Pair up each of the numbers in 1–10 with its written equivalent from a–j.

1	1001	a	setecentos e treze
2	956	b	mil e um
3	467	c	seiscentos e trinta.
4	222	d	sete mil e quatrocentos
5	713	e	novecentos e cinquenta e seis
6	630	f	oitocentos e noventa e três
7	893	g	trezentos e quarenta e um
8	341	h	seis mil
9	6000	i	duzentos e vinte e dois
10	7400	j	quatrocentos e sessenta e sete

10

3 Use the verbs from the box to complete the following dialogue.

pode	há	posso	queres	gostas

○ _____ tomar um café?

■ Não quero. Não _____ chá?

○ Não _____ de café ou não queres?

■ Nunca _____ beber café no restaurante.

○ Então partimos. Faz favor, _____ trazer a conta?

5

4 Complete the following sentences with the correct form of the verb in brackets.

1 Ele _____ um café. (querer)
2 Ela _____ o dinheiro. (ter)
3 Tu _____ à estação. (correr)
4 Eu _____ amanhã. (partir)
5 Eu _____ correr bem. (poder)
6 Nós _____ sempre. (discutir)
7 Elas _____ sumo de maçã. (beber)
8 Nós _____ ao banco. (escrever)
9 Eles _____ carne de porco. (ter)
10 A Maria e eu _____ a conta. (dividir)

`10`

5 How would you do the following in Portuguese?

(2 points for each correct answer, 1 point if you make only one error)

1 Ask if there is a restaurant near the hotel.
2 Say you never eat fish.
3 Say you want (to eat) chocolate mousse.
4 Say you don't like sardines.
5 Ask the waiter to bring the coffee.

`10`

6 Replace the gaps in these phrases with the appropriate question word from the box.

quem quanto como onde donde

1 _____ custa uma cerveja?
2 _____ quer um gelado?
3 _____ podes beber café frio?
4 _____ fica a pastelaria Doçuras?
5 _____ és tu?
6 _____ gosta de salada de polvo?
7 _____ gelado podes comer?
8 _____ há um restaurante?
9 _____ te chamas?
10 _____ custa a maçã assada?

`10`

TOTAL SCORE `50`

If you scored less than 40, go through the dialogues and the Language Building sections again before completing the Summary on page 42.

Summary 3

 Now try this final test summarizing the main points covered in this unit. You can check your answers on the recording.

How would you:
1 ask how much the chicken is?
2 ask who wants coffee?
3 say you never eat meat?
4 say you like shellfish?
5 say you don't want any dessert?
6 ask for the bill?
7 count in hundreds from 200 to 1000?

REVISION

Before moving on to the Review section, play Unit 3 through again. Go over any vocabulary you still feel unsure of. It will help you reinforce what you have learnt. Do the same for Units 1 and 2.

While you're out shopping, look at the price tickets on items and ask yourself how much they cost using **Quanto custa(m) ... ?** You can also use **Há ... ?** in this context to ask whether certain articles are available. A shopping trip can also be used to practise saying what you like and don't like, using **Gosto de** and **Não gosto de.** Use a dictionary to help with the vocabulary for items you don't yet know.

After this unit there is a revision section, where you will be tested on some of the things you have learnt in the first part of the course. You might find it useful to revise the first three units before completing the test.

Review 1

There are four Review sections in the course. These consist of activities which will test you on the language introduced up to that point. Answers to the activities can be found in the Answer section on page 213.

VOCABULARY

1 Which is the odd one out on each line below?

  1 bolo / mousse / pastel / café
  2 cerveja / sumo / maçã / água
  3 chocolate / polvo / bacalhau / sardinhas
  4 a batata / o prato principal / a sobremesa / a entrada
  5 a pensão / a pastelaria / a pousada / o hotel

2 Look at the Portuguese expressions below and group them according to what they mean. Which ones are for:

  1 greeting people?
  2 talking about where people come from?
  3 ordering food or drink?

  a Como estás?
  b De onde é?
  c Quanto custa?
  d Como te chamas?
  e E para beber?
  f Boa tarde!
  g Faz favor. Pode trazer … ?
  h Sou de …

3 Find the six places around town hidden in the word square.

W	H	R	V	C	Q	B	N	M
P	O	U	S	A	D	A	F	B
G	T	K	X	C	L	R	G	A
P	E	N	S	Ã	O	Z	C	N
X	L	W	F	K	W	J	K	C
Z	F	E	S	T	A	Ç	Ã	O

4 Write the correct ending for each verb.

1 ○ Olá, Maria! Como est___?
   ■ Óptima! E tu? Quer___ tomar um café?

2 ○ Bem, obrigada. Não quer___ café, mas beb___ (nós)
     um sumo?
   ■ Est___ bem. A pastelaria Flores fic___ ao lado.

3 ○ Gost___ dos pastéis de nata?
   ■ Não poss___ comer. Est___ de dieta.

4 ○ Então, com___ (nós) fruta?
   ■ Sim, o Miguel com___ fruta e ele é magro.

5 ○ Mas beb___ cerveja!
   ■ Ah sim, é verdade!

5 Complete these sentences, using the appropriate words
  from the box.

┌───┐
│ conheces   gosta   queres   da   do   ao   há   estás │
└───┘

1 Olá, Joana! Como _____?
2 Bem, obrigada. _____ o restaurante Trave Negra?
  Onde fica?
3 O Trave Negra fica _____ lado do bar António.
  _____ comer?
4 Não, é o Daniel. _____ muito dos restaurantes e o
  Carlos recomenda o Trave Negra.
5 Pronto, _____ outro restaurante em frente
  _____ hotel Estoril. Também é óptimo.
6 Perto _____ pensão Paris? Ah sim, conheço.

6 Complete the sentences with the correct verb from the
  box.

┌──────────────────────────────┐
│ é   têm   és   sou   quero   │
└──────────────────────────────┘

1 _____ uma mousse de chocolate.
2 O parque de estacionamento _____ ao lado da
  pensão.
3 _____ de Lisboa.
4 Tu _____ electricista?
5 Os portugueses _____ óptimos restaurantes.

LISTENING

7   Listen to this conversation in a hotel. There are six
     differences between what you hear and the transcript
     below. Underline the differences.

     ○ Olá, bom dia, é o Hotel Cascais?
     ■ Sim, senhora. Tem reserva?
     ○ Sim, tenho. Sou Marta Fernandes.
     ■ Ah sim. É um quarto duplo, não é?
     ○ Sim.
     ■ Pronto. É o quarto seiscentos e vinte.
     ○ Tem casa de banho completa?
     ■ Sim, tem. E televisão, também.
     ○ Ah, óptimo!
     ■ De onde é?
     ○ Sou de Gondomar.

8   Sara and Rodrigo meet up while on a trip to Madeira.
     Listen to their conversation and then reply to the
     following questions

     1 Where is the hotel they are staying at?
     2 How much does it cost?
     3 Why doesn't Sara like her room?
     4 What does Rodrigo invite Sara to have?
     5 What does she suggest instead?
     6 What is Rodrigo going to do at the end?

9   Rodrigo is on his mobile at the supermarket talking to
     Sara about buying food for a supper they are having
     together. Listen to the conversation and complete the

     | Rodrigo | Estou _____ rua da Constituição. Queres carne ou peixe? |
     | Sara | Carne. _____ o porco? |
     | Rodrigo | Mil e quatrocentos escudos. |
     | Sara | É caro. Podes procurar frango? |
     | Rodrigo | _____ de frango. Não queres _____ então? |
     | Sara | Está bem. Comemos sardinhas. |
     | Rodrigo | Custam _____ escudos. |
     | Sara | Óptimo. |
     | Rodrigo | Queres fruta ou legumes? |
     | Sara | Só fruta. _____ bananas; então, seis laranjas e oito _____ |

SPEAKING

10 Here are some of the phrases you have learnt in the first three units. How do you pronounce them? Read them aloud, and then listen to the recording to check your pronunciation.

1 Bom dia. Como estás?
2 Tudo bem.
3 Até logo!
4 Desculpe!
5 Bom apetite!
6 Francamente!

11 You're going to hear some questions on the recording. The questions will be about the following topics, but in a different order. Prepare your answers here, then join in on the recording. Try not to use your notes. You'll be asked:

– your name
– whether you like meat or fish
– how you're feeling
– if you have a booking
– where you come from
– how much white wine costs
– if there is a campsite nearby

12 A customs official is asking you some questions. Prepare your answers here, then join in the conversation on the recording. Try not to use your notes.

Official Você não é de Lisboa. Tem hotel?
You   Say yes, it's the hotel Avenida, next to the station.

_____ .

Official E de onde é? É de Nova Iorque?
You   Say no, you're from San Francisco.

_____ .

Official E quanto dinheiro tem?
You   Say 400 thousand escudos.

_____ .

Official Gosta dos portugueses?
You   Say of course!

_____ .

Getting around
Os transportes públicos

OBJECTIVES

In this unit you'll learn how to:

- ✓ use local transport
- ✓ ask the way and read timetables
- ✓ understand directions
- ✓ ask 'how much' and 'how far'
- ✓ buy petrol and book tickets

And cover the following grammar and language:

- ✓ **em** + the definite article
- ✓ **ter de / ter que** + infinitive to express obligation
- ✓ irregular verbs: **ir** ('to go'), **vir** ('to come'), **dar** ('to give'), **saber** ('to know')
- ✓ the present tense to talk about the future
- ✓ **ir** + the infinitive to talk about the future
- ✓ the prepositions **a** ('to'), **em** ('in', 'at'), and **de** ('of', 'from') **de** + means of transport
- ✓ **quanto/a** ('how much?'), **quantos/as** ('how many?') **qual?** ('which?', 'what?')

LEARNING PORTUGUESE 4

Before attempting the dialogue activities, always try listening to the recordings several times and only then look at the transcript in your book. This will give you a feel for the language and train you to listen to detail. The activities guide you towards understanding the dialogues and working out what's happening.

 Now start the recording for Unit 4.

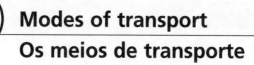

4.1 Modes of transport

Os meios de transporte

ACTIVITY 1 is on the recording.

ACTIVITY 2

Imagine that you have to book Pedro's ticket. Fill in the gaps to obtain a list of his requirements.

1 Ele vai a _____ .
2 Vai de _____ .
3 Quer um bilhete de _____ e volta.
4 Quer um lugar numa carruagem de _____ .
5 Vem de Lisboa no comboio _____ .

DIALOGUE 1

○ Queres jantar no restaurante hoje à noite?
■ Não posso. Tenho de ir a Lisboa.
○ Ah, sim? Vais de carro?
■ Vou de comboio. É rapido e barato.
○ Queres ir tomar um café?
■ Não posso. Tenho de ir à estação comprar o bilhete.
○ Queres reservar lugar …
■ Quero. Numa carruagem de não-fumadores.
○ Ah – tu não fumas, claro. E quando vens de Lisboa?
■ Venho no fim de semana, no intercidade.
○ Então, boa viagem!

VOCABULARY	
hoje à noite	this evening
vou, vais	I go, you go [*from* ir]
o carro	car
o comboio	train
rápido/a	quick
comprar	to buy
a estação	station
o bilhete	ticket
reservar lugar	to book a seat, to reserve a seat
a carruagem de não-fumadores	non-smoking carriage
quando	when
venho, vens	I come, you come [*from* vir]

em + the definite article

em ('in', 'at') combines with the definite article as follows:

	o	*a*		*os*	*as*
em	**no**	**na**		**nos**	**nas**

no hotel – at the hotel
na estação – at the station

nos bancos – in the banks
nas pensões – in the B & Bs

Means of transport

de autocarro by bus
de camioneta by coach

de carro by car
de comboio by train

ter de / ter que ('to have to')

The verb **ter** followed by **de** or **que** is used to express obligation.

Tenho de comprar uma camisa. I have to buy a shirt.
Tens que ir a Faro. You have to go to Faro.

ir ('to go') and *vir* ('to come') – irregular verbs

	ir – to go	**vir** – to come
(eu)	**vou**	**venho**
(tu)	**vais**	**vens**
(ele/ela; você)	**vai**	**vem**
(nós)	**vamos**	**vimos**
(eles/elas; vocês)	**vão**	**vêm**

Talking about the future (1)

The present tense is often used with a time expression to refer to a future action or event: 'I am going tomorrow'.

Telefono no sábado. I shall phone on Saturday.

Regular adverbs

In Portuguese, regular adverbs are formed by adding **-mente** to the feminine form of the relevant adjective.

rápido – rapid*amente*   claro – clar*amente*   natural – natural*mente*

ACTIVITY 3

Match 1–5 with the English equivalent from a–e.

1	venho	a	you go
2	vou	b	they come
3	vem	c	I come
4	vais	d	he comes
5	vêm	e	I go

 Now do activities 4 and 5 on the recording.

49

4.2 Where is …?

Onde é …?

 ACTIVITY 6 is on the recording.

ACTIVITY 7

Which of these sketches gives the correct location of the
Pensão Flora?

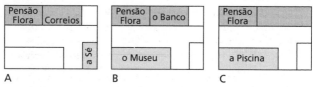

A   B   C

DIALOGUE 2

○ Desculpe, onde fica a Pensão Flora? É perto?

■ Não, é longe. Fica perto da sé e ao lado dos correios.

○ Onde fica a paragem do autocarro?

■ Hum . . . Desculpe, não tenho a certeza.

○ Desculpem, onde fica a Pensão Flora?

▼ Fica perto da piscina … Não, não … Desculpe! Tem de
subir a rua, virar à esquerda e ir de eléctrico.

○ Desculpe, a Pensão Flora fica longe?

● Não. Fica perto. Tem de subir a rua, virar à esquerda e a
pensão fica em frente do museu e ao lado do banco.

○ Tem a certeza?

● Tenho! Eu estou na pensão . . .

VOCABULARY

longe	far
a sé	cathedral
os correios	post office
a paragem do autocarro	bus stop
ter a certeza	to be sure
virar	to turn
o eléctrico	tram, streetcar
subir	to go up
a rua	street
à esquerda	(to the) left
o museu	museum
o banco	bank

⊘ Asking the way

When asking where a place is, remember to use **ser**, as you're referring to a *permanent* position. Alternatively, you can use the verb **ficar** for location.

Onde é a rodoviária? Where is the bus station?
Onde fica a igreja? Where is the church?
Fica longe do cinema? Is it far from the cinema? **Fica** perto. It's near.

⊘ Directions

à direita	right	atravessar	to cross	parar	to stop
à esquerda	left	chegar a	to get to	subir	to go up
a direito	straight on	continuar	to carry on	virar	to turn
		descer	to go down	voltar	to return

Tem de subir a rua, virar à esquerda e continuar a direito.
You have to go up the street, turn left, and carry straight on.
Tem de atravessar a ponte para chegar à auto-estrada.
You have to cross the bridge to get to the motorway.

⊘ *ter a certeza* ('to be sure')

To express certainty or uncertainty in Portuguese, you use another construction with the verb **ter**: **ter a certeza**.

Tens a certeza? Are you sure?
Desculpe, **não tenho a certeza**. Sorry, I'm not sure.

ACTIVITY 8

Complete the sentences with the correct verb and listen to Dialogue 2 again to check your answers.

1 Tem de _____ de autocarro.
2 Desculpe, não _____ a certeza.
3 Tem de _____ a rua, _____ à direita e _____ de eléctrico.
4 Desculpe, a pensão Flora _____ longe?

ACTIVITY 9

Complete the text using **subir**, **continuar**, or **virar**.

Para chegar ao banco tem de _____ a rua e _____ à direita - fica perto. Mas o cinema fica longe e tem de _____ a direito, _____ à esquerda, _____ a rua e na próxima rua _____ à direita.

 Now do activities 10 and 11 on the recording.

4.3 By car ...
De carro ...

ACTIVITY 12 is on the recording.

ACTIVITY 13

What do these numbers and locations refer to?

1 cinco
2 antes da portagem
3 vinte e cinco ou trinta

4 à esquerda
5 quatrocentos

DIALOGUE 3

○ A quantos quilómetros fica a próxima estação de serviços, António? Tenho de meter gasolina.

■ Não sei. Vou ver no mapa . . . fica a cinco quilómetros, antes da portagem da auto-estrada.

○ À esquerda ou à direita?

■ Não sei. Ah, fica à direita . . . não, à esquerda.

■ Quantos litros de gasolina vais meter, Sofia?

○ Vinte e cinco? Trinta? E aproveito para verificar o óleo e os pneus.

■ O Algarve fica a quatrocentos quilómetros . . .

VOCABULARY	
o quilómetro	kilometre
próximo/a	next
a estação de serviços	petrol station, gas station
meter	to put in
a gasolina	petrol, gas
sei	I know [from saber]
ver	to see
o mapa	map
a portagem	toll
a auto-estrada	motorway, highway
o litro	litre
aproveitar para	to take the opportunity to
verificar	to check
o óleo	oil
o pneu	tyre

✓ Talking about the future (2)

English also uses 'I am going to …' to express future actions and Portuguese uses the same construction:
ir + infinitive.

> **Vou ver** o mapa. I'm going to look at the map

In spoken Portuguese, this construction is used instead of the future tense, especially if there is no time phrase to imply the future.

> **Vamos parar** em Faro. We'll stop in Faro.
> **Vou falar** com o Carlos. I'll speak to Carlos.

✓ *dar* ('to give') and *saber* ('to know') – irregular verbs

	dar – to give	**saber** – to know
(eu)	**dou**	**sei**
(tu)	**dás**	**sabes**
(ele/ela; você)	**dá**	**sabe**
(nós)	**damos**	**sabemos**
(eles/elas; vocês)	**dão**	**sabem**

Note that **saber** means 'to know a fact', while **conhecer** means 'to know a person'.

> **Sabes onde fica?** Do you know where it is?
> **Conheces o Rui?** Do you know Rui?

✓ *quanto/a/os/as?* ('how much?' / 'how many?')

Another question word that you will need for asking amounts is **quanto**. You can use it to ask 'how much?'

> **Quanto** custa a gasolina? How much does petrol cost?

You can use it in front of a noun to ask 'how many?'. It agrees with the noun.

> **Quantas** laranjas queres? How many oranges do you want?

For distances it is used in the phrase **A quantos quilómetros … ?**

> **A quantos** quilómetros **fica** a cidade de Beja?
> How many kilometres is it to the town of Beja?

✓ *qual?/ quais?* ('which?', 'what?')

The question word **qual?** ('which?', 'what?') also agrees in number with the noun it accompanies or replaces.

> **Qual** é o número da casa? What is the number of the house?
> **Quais** queres? Which ones do you want?

 Now do activities 14 and 15 on the recording.

4.4 Travelling in Portugal

Viajar em Portugal

ACTIVITY 16

Read the text below about transport in Portugal to find out whether these statements are true (**Verdadeiro**) or false (**Falso**). Correct those which are false.

1 The **Interregional** train stops at more stations   V / F
   than the **Intercidade**.
2 Coaches are all state-run.   V / F
3 It's cheaper to buy a ticket before boarding a bus.   V / F
4 There are trams in many cities.   V / F
5 There are **cacilheiros** in Oporto.   V / F

Viajar em Portugal é fácil e barato. Os comboios da CP ligam as principais cidades. Os intercidades (IC) são rápidos e confortáveis; os interregionais (IR) param em mais estações. Há uma rede (pública e privada) de camionetas entre cidades, vilas e aldeias. Nas cidades, os autocarros são o principal meio de transporte. Um conselho: comprar sempre o bilhete antecipadamente, é mais barato e mais prático. Em Lisboa, há o metro e o cacilheiro, um barco entre Lisboa e a margem sul do rio Tejo. Em Lisboa e no Porto, há eléctricos - modernos e antigos.

a CP	the Portuguese national railway company **(Caminhos de Ferro Portugueses)**
ligar	to link, join
o intercidade	intercity
confortável	comfortable
o interregional	regional or district train
mais	more
a rede	network
público/a	public, state-run
privado/a	private
a aldeia	village
o conselho	advice
o metro	underground, subway
sempre	always
o cacilheiro	ferry-boat [*in Lisbon*]
o barco	boat
a margem	bank (of river)
o sul	south
o rio	river
o Tejo	Tagus

CULTURE

moderno/a	modern
antigo/a	old, ancient

ACTIVITY 17

Now look at the timetable of these two train services. One of them is an **intercidade** and the other an **interregional**. Study them and answer the questions which follow.

	1	2
Lisboa	8.00	9.05
Vila Franca de Xira	—	9.31
Santarém	8.45	9.58
Entroncamento	9.03	10.20
Caxarias	—	10.42
Pombal	—	11.04
Alfarelos	—	11.24
Coimbra	10.05	11.38
Aveiro	10.37	
Espinho	11.07	
Vila Nova de Gaia	11.20	
Porto	11.25	
Braga	12.40	

1 Which one is the **intercidade**?
2 You're in Lisbon and you want to go to Entroncamento, but you can't leave before nine. Which one do you take?
3 Which one would you take if you wanted to arrive in Coimbra before eleven?
4 You're in Santarém and you want to go to Pombal. Which one do you choose?

ACTIVITY 18

Complete the questions with the appropriate word from the box.

qual quais quanto quanta quantos quantas

_____ é o caminho para Évora? A _____ quilómetros fica de Beja? E _____ gasolina tem que comprar? _____ custa o litro? A rua principal, _____ pensões tem? Há muitos comboios, _____ são os mais rápidos?

55

4.5 A história modelo

 PERDIDOS NA CIDADE
LOST IN THE CITY

O produtor de televisão está na pastelaria com a Sara e o Rodrigo. Antes de ir para Lisboa, quer visitar a cidade. Quem vai visitar a cidade com ele?

The TV producer is at the pastelaria with Sara and Rodrigo. Before leaving for Lisbon, he wants to visit the town.

a torrada	piece of toast
visitar	to visit
a ideia	idea
a Câmara Municipal	town hall
a sapataria	shoe shop
mostrar	to show
uma guia	guide
assim	like this, this way
falar	to speak, to talk
o projecto	project
o futuro	future

ACTIVITY 19

A Listen to the story again and fill in the missing words in these questions.

    1 _____ café, Jorge?
    2 _____ perto?
    3 E _____ é a paragem do autocarro?
    4 _____ o museu?
    5 Quer uma _____ , Jorge?

B Now match them to these answers taken from the dialogue.

    a Óptimo!
    b Tem de descer a rua da pastelaria, virar à direita . . .
    c Não, obrigado.
    d Fica perto da Câmara Municipal.
    e Não, penso que não.

ACTIVITY 20

Complete this transcript of a conversation between Dona Rosa and a customer who has overheard Sara, Rodrigo, and Jorge Santos talking.

Notice that the customer says 'Não' for negative answers, and in affirmative ones he always repeats the verb used by Dona Rosa in her question.

Dona Rosa	Conhece o museu?
Customer	Não.
Dona Rosa	Vai mostrar a cidade ao Jorge?
Customer	Vai.
Dona Rosa	O produtor de televisão vai hoje para Lisboa?
Customer	1 _____
Dona Rosa	E ele vai visitar a cidade antes de ir para Lisboa?
Customer	2 _____
Dona Rosa	A menina Sara vai com ele visitar a cidade?
Customer	3 _____
Dona Rosa	E o senhor Rodrigo? Vai com ele visitar a cidade?
Customer	4 _____
Dona Rosa	Eles vão visitar o museu?
Customer	5 _____
Dona Rosa	E vão de carro?
Customer	6 _____

STORY TRANSCRIPT

Rodrigo	Toma café, Jorge?
Jorge Santos	Não, obrigado. Quero um chá e uma torrada.
Rodrigo	Um chá, um café, uma água mineral e uma torrada por favor, dona Rosa.
Jorge Santos	Antes de ir para Lisboa, quero visitar a cidade.
Sara	Óptima ideia! Conhece o museu?
Jorge Santos	Não, penso que não.
Rodrigo	Então, tem de visitar o museu.
Jorge Santos	E onde fica? É perto?
Rodrigo	Fica perto da Câmara Municipal. Tem de descer a rua da pastelaria, virar à direita, virar à esquerda na sapataria, depois à direita . . .
Sara	Não, não! Tem de subir a rua da pastelaria . . .
Dona Rosa	Desculpem, mas o museu fica longe. Tem de ir de autocarro ou de táxi.
Jorge Santos	E onde é a paragem do autocarro?
Rodrigo	Tem de descer a rua da pastelaria, virar à direita . . .
Sara	Tenho uma ideia. Eu vou mostrar a cidade ao Jorge. Quer uma guia, Jorge?
Jorge Santos	Óptimo! Assim, falamos sobre projectos para o futuro.
Rodrigo	Desculpe, eu não vou.

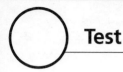

Test

Now it's time to test your progress in Unit 4.

1 Complete the dialogue with the correct prepositions **de**, **em**, or **a**. Remember to make the necessary changes if the preposition is followed by the definite article.

- Tenho ____ ir ____ Lisboa amanhã.
- * Vou ____ comboio.
- Compro um bilhete ____ ida e volta ____ bilheteira (*ticket office*) ____ estação.
- * Quando voltas? Venho ____ fim ____ semana.
- Venho ____ intercidade.
- * Tenho ____ estar em Coimbra no domingo.

10

2 Complete the sentences with the appropriate verb from the box.

(2 points for each correct answer)

> | vai volto vais telefono parto |

1 Eu amanhã _____ para Paris.
2 _____ de Lisboa no fim de semana.
3 Ela _____ ver o amigo no domingo.
4 _____ -te hoje à noite.
5 Quando _____ comprar o bilhete?

10

3 Fill in the parts of the verbs missing from the grid.

dar	saber	ir	vir	ter
dou	_____	_____	venho	_____
dás	sabes	vais	vens	tens
_____	_____	vai	_____	tem
damos	sabemos	_____	vimos	_____
_____	sabem	vão	_____	têm

10

4 Provide the questions corresponding to the following
   answers using the appropriate forms of **qual** and
   quanto, or **a quantos**. Give answers using the **tu** form.

   (2 point for each correct answer)

   Example: (bolos, querer)? Muitos   *Quantos bolos queres?*
              (bolo, querer)? O grande. *Qual bolo queres?*

   1 (ter, casas)? Três.
   2 (ser, o número do eléctrico)? Quinze.
   3 (carro, comprar)? O barato.
   4 (gasolina, meter)? Três litros.
   5 (quilómetros, ficar)? Cinquenta.

                                                         | 10 |

5 How would you do the following in Portuguese?

   (2 points for each correct answer, 1 point if you make
   only one error)

   1 Ask how far the next toll is.
   2 Say you have to buy a train ticket.
   3 Say you will be going to the station tomorrow.
   4 Ask how much petrol you must buy.
   5 Tell somebody to carry straight on.

                                                         | 10 |

6 Form adverbs from the following adjectives.

      1 antecipado
      2 claro
      3 rápido
      4 imediato
      5 natural
      6 aproximado
      7 principal
      8 público
      9 normal
     10 antigo

                                                         | 10 |

                                        TOTAL SCORE | 60 |

If you scored less than 50, go through the dialogues and the
Language Building sections again before completing the
Summary on page 60.

Summary 4

 Now try this final test summarizing the main points covered in this unit. You can check your answers on the recording.

How would you:

1 ask how far it is to the service station?
2 ask a friend whether he is going by train or bus?
3 say you're not quite sure?
4 tell someone he has to turn right?
5 say you'll be arriving by bus?
6 ask how much the petrol costs?
7 ask someone how many litres he wants?

REVISION

Before moving on to Unit 5, play Unit 4 through again and listen out for the basic phrases for modes of transport and directions and the use of the construction **ter de / ter que** to give instructions. Imagine that you are in the middle of a large city in Portugal and work out on the map how to get to various places, saying to yourself 'I have to go up … street, turn left/right', etc. Then practise asking passers-by questions, such as 'Where do I have to turn right?' 'Do I go by taxi or by underground?' Go over the vocabulary and practise testing yourself on the irregular verb forms you have just learnt.

5

Personal information
Dados pessoais

LEARNING PORTUGUESE 5

Confidence is so important when speaking a language. A good way of overcoming any inhibitions you may feel is to practise saying the words and sentences you learn on your own when no one can hear you. Exaggerate the pronunciation and enjoy yourself.

Now start the recording for Unit 5.

5.1 A radio interview

Uma entrevista da rádio

ACTIVITY 1 is on the recording.

ACTIVITY 2

Answer the questions in Portuguese.

1 Where is the nurse from?
2 Where does the nurse live?
3 What does the fisherman think about Lisbon?
4 Where do the students live?
5 Do they like Lisbon?

DIALOGUE 1

○ Desculpe, de onde é?
■ Eu sou de Faro.
○ Onde vive? Em Lisboa?
■ Sim.
○ E o que faz?
■ Sou enfermeiro. Estou com pressa, desculpe.

○ Desculpe, de onde é?
▼ Eu sou da Madeira. Sou pescador.
○ E o que pensa de Lisboa?
▼ É uma cidade bonita, o rio Tejo é grande . . .

○ Desculpem, vocês onde vivem?
● Nós vivemos em Londres e somos estudantes em férias.
Adoramos Lisboa!

VOCABULARY

viver	to live
o que faz/fazem?	what do you do?
o/a enfermeiro/a	nurse
estar com pressa	to be in a hurry
pensar	to think
bonito/a	pretty
grande	big
o/a estudante	student
em férias	on holiday, on vacation
adorar	to love

✅ *fazer* ('to do' 'to make') and *dizer* ('to say', 'to tell') – irregular verbs

	fazer – to do, to make	dizer – to say, to tell
(eu)	faço	digo
(tu)	fazes	dizes
(ele/ela; você)	faz	diz
(nós)	fazemos	dizemos
(eles/elas; vocês)	fazem	dizem

✅ The use of subject pronouns

Although the subject pronoun ('I', 'you', etc.) isn't generally used with verbs because the ending itself denotes who is doing the action, notice how in the dialogue they do appear for *emphasis* when stressing individual details about a person.

Vocês de onde são? Where are you from?
Nós vivemos em Londres. We live in London

The subject pronouns can also be used when you wish to *distinguish* between one person and another and to avoid ambiguity.

Eu sou de uma vila perto de Chicago e **ela** é de Miami. I'm from a town near Chicago and she is from Miami.

Maria, **tu falas** português? Maria, do you speak Portuguese?
Maria e João, **vocês falam** português? Maria and João, do you speak Portuguese?

✅ *o que?* ('what?')

To ask a question beginning with 'what?' in Portuguese you use **o que**.

O que fazes? What are you doing?
O que vais comprar? What are you going to buy?

ACTIVITY 3

Match the questions 1–5 with the appropriate answers from a–e.

1 De onde é?
2 Onde vive?
3 O que faz?
4 O que pensa de Portugal?
5 É perto?

a Em Faro.
b Não, fica muito longe.
c Do Porto.
d Sou médica.
e É bonito.

 Now do activities 4 and 5 on the recording.

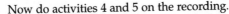

O dia-a-dia

ACTIVITY 6 is on the recording.

ACTIVITY 7
Complete these statements about João Santos.

1 Ele é de _____
2 Vive em _____
3 Tem um apartamento no _____
4 Toma o pequeno almoço no _____
5 Só convive com a família ao _____

DIALOGUE 2

○ João Santos, você é de Lisboa?

■ Não, eu sou de Braga, mas vivo em Lisboa. Também tenho um apartamento no Porto e um solar no Minho.

○ Como é o dia-a-dia de um empresário?

■ Muito intenso. Tenho muitas reuniões, muito trabalho . . .

○ E como é o seu dia-a-dia?

■ Saio cedo de casa, vou ao ginásio, tomo o pequeno almoço no café ao lado e depois começa o meu dia de trabalho. Regresso tarde a casa.

○ Tem família?

■ Tenho. Mas só convivo com a minha família ao fim de semana.

VOCABULARY

o apartamento	flat, apartment
o solar	country house
o dia-a-dia	daily routine
o empresário	business man
intenso/a	intense
a reunião	meeting
o trabalho	work
sair	to go out, to leave
cedo	early
o ginásio	gym
o pequeno almoço	breakfast
começar a	to begin to
regressar a	to return to
tarde	late
conviver com	to spend time with

✓ Possessive forms

	singular masculine	feminine	plural masculine	feminine
my	o meu	a minha	os meus	as minhas
your	o teu	a tua	os teus	as tuas
his; her; your	o seu	a sua	os seus	as suas
our	o nosso	a nossa	os nossos	as nossas
your	o seu/vosso	a sua/vossa	os seus/vossos	as suas/vossas
their	o seu	a sua	os seus	as suas

Não gosto do **meu** trabalho. I don't like my work.
O teu estúdio é óptimo. Your studio is great.

The form **o seu / a sua** can be very ambiguous and for 'his, her, their' the Portuguese say 'the book of *him*, of *her*, of *them*' instead.

o livro **dele**, o trabalho **dela**, o trabalho **deles/delas**

The form **o vosso/a vossa** is a less ambiguous alternative to **o seu/a sua** meaning 'your', but less frequently used.

Possessive pronouns ('mine', 'yours', and so on) take the same forms and agree with the item referred to.

O carro é **meu**. The car's mine.
As **nossas** são boas. Ours are good.

✓ *muito* ('much', 'many', 'very')

muito can be used as an adverb in front of an adjective to mean 'very'. When used in this way, it does not agree.

É **muito** bonita. She is **very** pretty.

muito/a is also an adjective meaning 'much' or 'a lot of' or many'.

Tenho **muito** dinheiro. I have a lot of money.
Tens **muita** gasolina? Do you have much petrol?
Não faz **muitas** perguntas! You don't ask many questions!

ACTIVITY 8

Practise the possessives by translating the following (remember to make them agree with the noun).

1 My family. 2 Your (*familiar*) meetings.
3 My flat. 4 Our tickets.
5 His studio.

Now do activities 9 and 10 on the recording.

Qual é ... ?

🎧 **ACTIVITY 11** is on the recording.

ACTIVITY 12

Correct the statements which are false.

1	O prémio é um fim de semana em Londres.	V / F
2	A Serra da Estrela é fria, bonita e montanhosa.	V / F
3	A altitude máxima da Serra da Estrela é mil metros.	V / F
4	A Covilhã é a cidade principal da Serra da Estrela.	V / F

DIALOGUE 3

○ Teresa, respondemos a este questionário? O prémio é um fim de semana na Serra da Estrela.

■ Óptimo! Qual é a primeira pergunta?

○ 'Descreva a Serra da Estrela em três palavras'.

■ Fria. Bonita. Montanhosa.

○ 'Qual é a altitude máxima da Serra da Estrela'. Adivinha, Teresa. . . . É fácil.

■ Dois mil metros? Qual é a terceira pergunta?

○ Qual é a cidade principal da Serra da Estrela?

■ Essa pergunta não é fácil. Covilhã? Guarda?

○ Penso que é a Guarda.

VOCABULARY	
responder	to answer, reply to
o questionário	questionnaire, quiz
o prémio	prize
a serra	range of mountains
primeiro/a	first
descrever	to describe
a palavra	word
frio/a	cold
montanhoso/a	mountainous
adivinhar	to guess
a altitude	altitude
máximo/a	maximum
fácil	easy
o metro	metre
terceiro/a	third

⊘ Ordinal numbers

primeiro/a	first	**quinto/a**	fifth	**nono/a**	ninth
segundo/a	second	**sexto/a**	sixth	**décimo/a**	tenth
terceiro/a	third	**sétimo/a**	seventh		
quarto/a	fourth	**oitavo/a**	eighth		

⊘ Direct object pronouns

me	me	**nos**	us
te	you	**vos**	you
o/a	you	**os/as /vos**	you
o/a	him, her	**os/as**	them

Direct object pronouns are linked by a hyphen to the end of the verb:

Convido-**te** para jantar. I'd like to invite you to dinner.

⊘ Demonstrative forms

	sing. m	sing. f	pl. m	pl. f
this	**este**	**esta**	**estes**	**estas**
that	**aquele**	**aquela**	**aqueles**	**aquelas**

⊘ The imperative

The 'familiar' imperative is used with friends or a member of the family. To form it, all you have to do is use the ending you learnt for 'he/she':

fal**a**! speak! com**e**! eat! divid**e**! divide!

The formal imperative is used with people you do not know very well. Use the **e** ending for **-ar** verbs and the **a** ending for **-er/-ir** verbs.

fal**e**! speak! com**a**! eat! divid**a**! divide!

ACTIVITY 13

Replace the nouns in bold with the correct direct object pronoun.

1 Tenho **o prémio**.   Tenho-_____ .
2 Adivinhe **a altitude**.   Adivinhe-_____ .
3 Descreva **as cidades**.   Descreva-_____ .
4 Escrevo **uma carta**.   Escrevo-_____ .
5 Tomo **o pequeno almoço**.   Tomo-_____ .
6 Bebo **duas cervejas**.   Bebo-_____ .
7 Como **uns bolos**.   Como-_____ .

🎧 Now do activities 14 and 15 on the recording.

A geography de Portugal

CULTURE

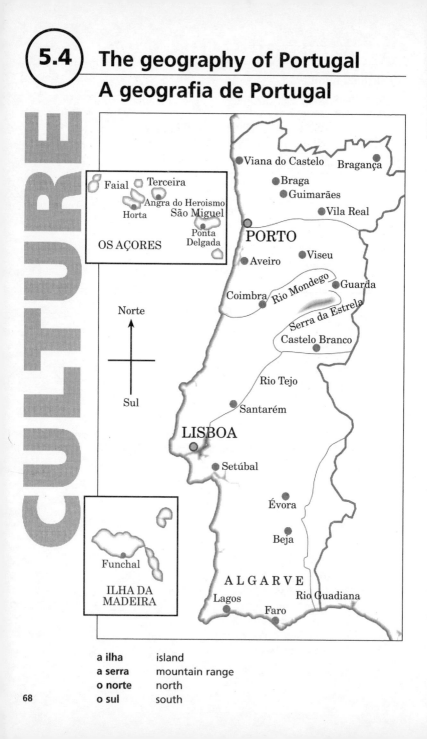

Viana do Castelo
Bragança
Braga
Guimarães
Vila Real
PORTO
Viseu
Aveiro
Coimbra Rio Mondego Guarda
Serra da Estrela
Castelo Branco

Faial Terceira
Angra do Heroismo
Horta São Miguel
OS AÇORES
Ponta Delgada

Norte

Sul

Rio Tejo

Santarém

LISBOA

Setúbal

Évora

Beja

Funchal
ILHA DA MADEIRA

ALGARVE
Rio Guadiana
Lagos
Faro

a ilha	island
a serra	mountain range
o norte	north
o sul	south

68

Read these questions about the geography of Portugal. Do you know any of the answers? If in doubt, refer to the map.

1 Where is the Algarve? North or south Portugal?
2 Is Viseu inland or on the coast?
3 Which major city is on the mouth of the river Douro?
4 Which is the main town of the Serra da Estrela area?
5 What is the main town of Madeira?
6 How many islands does the archipelago of the Azores have?

ACTIVITY 17

Study the map of Portugal opposite and then try to unscramble these words to obtain the name of nine main Portuguese cities.

1 granbaça
2 arfo
3 torpo
4 basilo
5 chunfal
6 graba
7 varoei
8 orvéa
9 suvei

5.5 A história modelo

A SESSÃO FOTOGRÁFICA
THE PHOTO SESSION

A Sara está na pastelaria. Tenta decidir, com a ajuda da dona Rosa e de uns clientes, que praia escolher para a sessão fotográfica, enquanto espera pelo Rodrigo.

Sara is at the pastelaria. She is trying to decide, with the help of dona Rosa and a couple of customers, which beach to choose for their photo session, while she waits for Rodrigo.

a sessão	session
fotográfico/a	photographic
a fotografia	photograph
a praia	beach
a ideia	idea
bom/boa	good
tirar fotografias	to take photos
está vento	it's windy
o turista	tourist
tem razão	you're right
ao telefone	on the phone
o engarrafamento	traffic jam
a vez	time
enquanto	while
esperar por	to wait for
rigoroso/a	strict

ACTIVITY 18

Complete this account of the dialogue by filling the gaps with the appropriate word from the box.

> sabe   têm   tarde   engarrafamento   pergunta
> tirar   onde

A dona Rosa (1) _____ à Sara (2) _____ é a sessão fotográfica, mas a Sara não (3) _____ . Ela e o Rodrigo vão (4) _____ fotografias numa praia. Eles (5) _____ de decidir, mas o Rodrigo vai chegar (6) _____ à pastelaria, porque está num (7) _____ .

ACTIVITY 19

Listen to the story again. Who says the following, Sara, dona Rosa, or the other customers?

1 Onde é a sessão fotográfica?
2 Desculpe, é modelo?
3 Sim, faz favor?
4 A minha dieta é muito rigorosa.
5 É a terceira vez em dois dias.
6 Tem muito vento . . .
7 Tome um café.
8 Uma água mineral, por favor.

STORY TRANSCRIPT

Dona Rosa	Onde é a sessão fotográfica?
Sara	Não sei, dona Rosa. É numa praia. Temos de decidir. O que pensa da Praia da Maré?
Dona Rosa	Boa ideia! A Praia da Maré é muito bonita.
First Customer	Desculpe, vão tirar fotografias na Praia da Maré?
Sara	Vamos.
First Customer	Está sempre muito vento na Praia da Maré. E há muitos turistas!
Sara	Tem razão. Eu vou falar com o Rodrigo. Não é boa ideia tirar fotografias na praia.
Dona Rosa	Sim, faz favor? Um minuto, por favor.
Second customer	Desculpe, é modelo?
Sara	Sou.
Second customer	Ah! E vai à Praia da Maré tirar fotografias . . . É uma praia muito movimentada.
Dona Rosa	Menina Sara, é o senhor Rodrigo ao telefone.
Sara	O Rodrigo vai chegar tarde. Está num engarrafamento. É a terceira vez em dois dias!
Dona Rosa	Enquanto espera, tome um café! Coma um bolo!
Sara	Não, obrigada, dona Rosa. A minha dieta é muito rigorosa. Uma água mineral, por favor.
Second customer	A Praia da Maré tem muito vento . . . e muitos turistas . . .

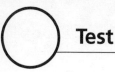

Test

Now it's time to test your progress in Unit 5.

1 Which is the odd one out in the following groups?

   1 pescador / enfermeira / empresário / trabalho
   2 fotógrafo / ginásio / estúdio / apartamento
   3 ilha / aldeia / cidade / vila
   4 Braga / Lisboa / Porto / Serra

                                                         4

2 Unscramble the following verbs you have learnt in this unit.

   1 orçamec
   2 rassegrer
   3 vincover
   4 sernodper
   5 crevdesre
   6 repuntarg
   7 virev
   8 raspen
   9 arodra
   10 risa

                                                         10

3 Use the verbs from the box to complete the following dialogue.

é   adoro   faz   pensa   sou   vivo

○ O que _____ da Madeira?
■ _____! É muito bonita.
○ E de onde _____?
■ Sou de Braga. _____ numa casa no centro.
○ E o que _____?
■ _____ empresário

                                                          6

4 Complete the following grid by filling in the missing possessive forms.

m. sing.	f. sing.	m. pl.	f. pl.
meu	__2__	meus	minhas
__1__	tua	teus	tuas
seu	__3__	seus	__5__
nosso	nossa	__4__	nossas

5

5 Give the imperative forms of the following verbs: (a) informal and (b) formal.

Example: falar: (a) *fala* (b) *fale*

		(a)	(b)
1	comer	_____	_____
2	pensar	_____	_____
3	descrever	_____	_____
4	comprar	_____	_____
5	escrever	_____	_____
6	responder	_____	_____
7	perguntar	_____	_____
8	viver	_____	_____
9	regressar	_____	_____
10	adivinhar	_____	_____

10

6 Practise the direct object pronouns by translating the following phrases. Use the formal 'you'.
(2 points for each correct answer, 1 point if you make only one error)

1 Do you love the flat? Yes, I love it.
2 Do you have the phone numbers? Yes, I have them.
3 Buy those houses! Buy them!
4 You like the Serra da Estrela. Describe it.
5 These are the names. Write them.

10

TOTAL SCORE | 45 |

If you scored less than 35, go through the dialogues and the Language Building sections again before completing the Summary on page 74.

Summary 5

Now try this final test summarizing the main points covered in this unit. You can check your answers on the recording.

How would you:
1 say that you love Madeira?
2 ask somebody what she thinks of the Algarve?
3 ask somebody what the main city in the Azores is?
4 say you have a flat in Lisbon?
5 ask somebody what he does?
6 ask a person what her phone number is?
7 say that you have a lot of work?

REVISION

Before moving on to Unit 6, make a list of each person's possessions in the house or office and go through them using the possessive to say who each item belongs to.

Another way to do this (and practise demonstratives or ordinal numbers as well) is to collect together a number of different objects and put them out all in a row: go along the line saying either 'This one is mine, that one is hers' or ' The first one is his, the second is yours', etc.

Practise the forms of the irregular verbs **fazer** and **dizer** by imagining who does or says certain things in your home or office. You can use the subject pronouns for emphasis saying: '*I* do ..., *she* always says ...', etc.

At the shops
Nas lojas

OBJECTIVES

In this unit you'll learn how to:

✓ ask and tell the time

✓ ask about events and working hours

✓ ask about opening times and shopping hours

✓ ask about prices and sizes

✓ describe items (colour, size, etc.)

And cover the following grammar and language:

✓ time expressions

✓ indirect object pronouns

✓ reflexive verbs

✓ the present continuous: **estar a** + the infinitive

✓ more demonstratives: **esse** ('that (near you)') and neuter forms

---

LEARNING PORTUGUESE 6

Make the most of the time you have available to study. You need to set time aside to go through the material in the book and the recording, but you can make use of other opportunities – perhaps when you are travelling to work or doing household chores – to do less demanding but nonetheless essential exercises. You could, for example, do some pronunciation practice, memorize vocabulary and structures, or listen again to some of the audio material.

Now start the recording for Unit 6.

75

6.1 Let's go shopping
Vamos às compras

ACTIVITY 1 is on the recording.

ACTIVITY 2

Which places do each of these statements about opening and closing times refer to: **os bancos, as lojas nos centros comerciais,** or **as lojas na Baixa**?

1 Abrem às oito e meia.
2 Abrem de segunda-feira a sexta-feira.
3 Fecham às sete horas.
4 Fecham às onze horas da noite.

DIALOGUE 1

○ Desculpe, a que horas abrem os bancos?
■ Abrem às oito e meia da manhã e fecham às três e meia da tarde.
○ Desculpe, que horas são?
■ São nove e um quarto.
○ Mas o banco está fechado!
■ Hoje é sábado. Os bancos abrem de segunda-feira a sexta-feira.

▼ São sete e um quarto.
○ Oh, não! Eu quero comprar um presente. As lojas na Baixa fecham às sete.
▼ O centro comercial está aberto até às onze horas da noite.

VOCABULARY	
a que horas . . .?	(at) what time . . .?
abrir	to open
fechar	to close
que horas são?	what time is it?
fechado/a	closed
a loja	shop, store
a Baixa	city centre
comprar	to buy
o presente	present
o centro comercial	shopping centre
aberto/a	open
até a	until

Telling the time

| Que horas são? | What time is it? |
| Sāo três horas. | It's three o'clock. |

Note that with 'one o'clock' the verb and article are in the singular.

| É uma hora. | It's one o'clock. |

To express minutes *past* the hour, you use **e** ('and'):

| Sāo duas *e* vinte. | It's twenty past two. |

To express minutes *to* the hour, you use menos ('minus'):

| Sāo oito *menos* um quarto. | It's a quarter to eight. |

To say at a particular time, you use **à(s)** ('at the'):

| Fecham *às* três e meia. | They close at three thirty. |

The equivalent to a.m. is **da manhã** and p.m. **da tarde / da noite**.

| às oito **da manhã** | at eight in the morning / 8 a.m. |
| às cinco **da tarde** | at five in the afternoon / 5 p.m. |

Note also the following.

| é meio-dia/meia-noite e um quarto | it's 12.15 p.m./12.15 a.m. |

 Days of the week

The days of the week are named according to the order they come in after Sunday: that is, Monday is the second day, Tuesday the third, etc. The ending **-feira** is optional.

segunda-feira	Monday	**sexta-feira**	Friday
terça-feira	Tuesday	**sábado**	Saturday
quarta-feira	Wednesday	**domingo**	Sunday
quinta-feira	Thursday		

To say 'on' use **em** – remember **em+o/a/os/as = no/na/nos/nas**.

No sábado compro-te o casaco. On Saturday I'll buy you the jacket.

If it is *repeated* action use **a** – remember **a+o/a/os/as = ao/à/aos/às**.

Aos sábados. On Saturdays.

ACTIVITY 3

Write out in full the following time phrases.

1 At 11.30.   2 It is 2.15.   3 On Monday.
4 At 1.10 a.m.   5 On Sundays.

 Now do activities 4 and 5 on the recording.

(At) what time ... ?
A que horas ... ?

ACTIVITY 6 is on the recording.

ACTIVITY 7

What happens at the following times?

1 seven in the morning
2 midnight
3 midday

4 nine in the morning
5 from eight to five
6 12 noon or one o'clock

DIALOGUE 2

○ Vamos às compras amanhã?
■ Está bem, Fátima. A que horas?
○ Cedo, Susana. Às nove.
■ Mas amanhã é sábado! Eu levanto-me sempre tarde aos sábados. À semana levanto-me sempre às sete horas, trabalho das oito às cinco e deito-me sempre tarde, à meia noite.
○ Eu também. Mas amanhã vou às compras, e as lojas na Baixa fecham cedo, ao meio dia ou à uma hora.
■ Então, vamos a um centro comercial, está bem? Os centros comerciais não fecham ao sábado à tarde. E têm livrarias, sapatarias, lojas de modas . . .
○ Está bem. Eu telefono-te amanhã ao meio dia para te acordar.

VOCABULARY	
(ir) às compras	(to go) shopping
amanhã	tomorrow
levantar-se	to get up
sempre	always
a semana	week
à semana	during the week
trabalhar	to work
deitar-se	to go to bed
eu também	me too
a livraria	bookshop
a loja de modas	clothes shop
telefonar	to telephone
acordar	to wake up

✅ More time expressions

de manhã	in the morning
à tarde	in the afternoon
à noite	at night
ontem	yesterday
amanhã	tomorrow

[try not to confuse this with **a manhã** 'the morning']

amanhã de manhã	tomorrow morning

✅ Indirect object pronouns

The indirect object is the noun, pronoun, or phrase indirectly affected by the action of the verb.

me	(to) me	nos	(to) us
te	(to) you [*informal*]		
lhe	(to) him/her/it	lhes	(to) them
lhe	(to) you [*formal*]	lhes/vos	(to) you [*plural*]

As with direct object pronouns, they are linked by a hyphen to the end of the verb.

Parece-**me** … It seems to me …
Fica-**lhe** bem. It suits her. [= it is good *on her*]

✅ Reflexive verbs

You've already come across one reflexive verb, **chamar-se** ('to be called'). Reflexive verbs can easily be identified by the pronoun **-se** which appears at the end of the infinitive: the verbs end in **-ar-se**, **-er-se**, or **-ir-se**. Each verb form also includes the relevant reflexive pronoun (**me**, **te**, etc.). This corresponds roughly to the English 'myself', 'yourself', etc.

me	myself	nos	ourselves
te	yourself	se	themselves; yourselves
se	himself/herself; yourself		

Ela deita-**se** às onze. She goes to bed at eleven.

ACTIVITY 8

Practise the reflexive verbs by giving the Portuguese for the following:

1 He goes to bed at nine.
2 We get up at six o'clock.
3 They are called Miguel and João.
4 Does she get up early?

Now do activities 9 and 10 on the recording.

It really suits you
Fica-te muito bem

ACTIVITY 11 is on the recording.

ACTIVITY 12

Try to work out which item of clothing is being referred to in each case.

1 It's size 40.
2 It goes well with the skirt.
3 It's in the window display.
4 It's yellow.
5 It's black.

DIALOGUE 3

○ Esta saia preta é muito comprida, não achas, Ana?
■ Não, Luísa. Fica-te muito bem.
○ Achas? Parece-me muito comprida . . . e justa! É número quarenta . . . Eu estou a fazer dieta . . .
■ Esta camisa fica bem com essa saia, Luísa.
○ Não gosto de amarelo.
○ E tu, Ana? Não experimentas aquele vestido preto da montra?
■ Está bem . . .
○ A loja fecha às sete.

VOCABULARY

a saia	skirt
preto/a	black
comprido/a	long
achar	to think, to find
fica-te bem	it suits you
parecer	to seem
justo/a	tight
o número	size
a camisa	shirt
essa	that (near you)
amarelo/a	yellow
experimentar	to try on
o vestido	dress
a montra	shop window

LANGUAGE BUILDING

✅ More demonstrative forms: *esse* 'that (near you)'

While **aquele** refers to 'that thing over there', **esse** is used in situations where the object concerned is nearer the person you are talking to and roughly translates as 'that thing (near you)'.
esse/essa/esses/essas

Dá-me **essa** carta **que tens**. Give me that letter you have.

✅ The demonstratives: neuter forms

The demonstratives already introduced (**este**, **esse**, and **aquele**) all have a third form: the neuter (**isto**, **isso**, **aquilo**). It means 'this thing', 'that thing' and is used in questions where you don't know what the object is and therefore cannot give it a gender.

Isto, o que é? What is this (thing)?
Isso é interessante! That's interesting!
O que é **aquilo**? What is that (thing over there)?

✅ The continuous present: estar a + infinitive

The present tense in Portuguese can be translated in two ways in English:

O que **fazes**? What do you do? / What are you doing?

To emphasize the continuous action, you can use **estar a** + infinitive.

Estou **a escrever** uma carta. I am writing a letter.

ACTIVITY 13

Translate the following.

1 Who says **that**?
2 What is **that** (near you)?
3 Do you want **this**?
4 **That** skirt suits you. [the one you're wearing]

ACTIVITY 14

A group of friends are out shopping. Complete their comments with the correct **indirect** pronouns.

1 It suits <u>them.</u>   Fica-_____ bem.
2 It seems too short <u>to me.</u>   Parece-_____ muito
                                curto.
3 Give <u>him</u> that shirt.   Dá-_____ essa camisa.
4 He wants to buy <u>you</u> the   Ele quer comprar-_____
  dress!   o vestido!

🎧 Now do activities 15 and 16 on the recording.

Shopping in Portugal

Às compras em Portugal

Read the following advert about shopping in Portugal. In it, city centre shopkeepers are trying to fight the threat of the big shopping malls and hypermarkets by drawing attention to the advantages of shopping in smaller shops.

O COMÉRCIO TRADICIONAL

Uma forma agradável de ir às compras: o comércio tradicional. Quer comprar flores, livros, roupa, um presente para um amigo? Na Baixa pode encontrar livrarias, sapatarias, lojas de modas, ourivesarias, lojas de mobiliário, agências de viagens, restaurantes, cafés, galerias de arte, cinemas . . . Na Baixa, não se perde em grandes centros comerciais ou hipermercados enormes e ruidosos, abertos até tarde. E não perde tempo à procura do que quer comprar..

Aproveite para almoçar num dos muitos restaurantes do centro. E porque não uma ida ao cinema antes de regressar a casa?

Das nove da manhã às sete da tarde: dez horas de compras num ambiente civilizado.

A Baixa espera pela sua visita. Não se vai arrepender!

FARMÁCIA DA BAIXA
de segunda a sexta,
das 9 às 19h
abre aos sábados de manhã
de serviço: das 19h de
segunda-feira às 8h da manhã
de terça-feira

Europa - Agência de Viagens
- -
de segunda a sexta,
das 9 às 19h
aberto aos sábados
todo o dia

Supermercado Nacional
de segunda a sábado, das 9h às 21h
aberto aos domingos de manhã

Loja de Modas Avenida
de segunda a sexta, das 9 às 19h
abre aos sábados até à 1h

Sapataria Portuguesa
de segunda a sexta, das 9 às 19h
abre aos sábados de manhã

o comércio	business
a forma	way, form
agradável	pleasant
a roupa	clothes
a ourivesaria	jeweller's
a loja de mobiliário	furniture shop
a agência de viagens	travel agent
a galeria de arte	art gallery
perder-se	to get lost
o hipermercado	hypermarket
ruidoso/a	noisy
à procura de	looking for
almoçar	to have lunch
uma ida	a trip, visit
o ambiente	atmosphere
civilizado/a	civilized
arrepender-se	to regret
o horário	timetable
a farmácia	pharmacy, drugstore
de serviço	on duty

ACTIVITY 17

Identify which type of shop or shopping area is being referred to in each of the statements below.

In this place:
1 You can shop out of hours.
2 You can fit in a visit to an art gallery.
3 You can buy medicines out of hours.
4 You can buy food on a Sunday morning.
5 You can buy a pair of shoes.

ACTIVITY 18

Complete these questions and answers with the appropriate form of the words in the box. The words can be used more than once.

> aberto   fechado   estar   abrir   fechar

1 A que horas _____ os bancos?
   _____ abertos das oito e meia às três e meia.
2 A farmácia _____ aberta?
   Não. _____ às duas e meia.
3 As lojas _____ ao sábado à tarde?
   Sim. Mas o centro comercial está _____ até à noite.
4 Os bancos estão _____?
   Não. _____ às três e meia.

6.5 A história modelo

 AINDA À ESPERA
STILL WAITING

A Sara ainda está à espera do Rodrigo na pastelaria.
Ele está muito atrasado. Que desculpa dá quando chega
por fim?

Sara is still waiting for Rodrigo at the pastelaria. He is
already very late. What excuse does he give when he
finally arrives?

estar à espera	to be waiting
atrasar-se	to be late
indesculpável	unforgivable
a paciência	patience
nervoso/a	anxious
acalmar-se	to calm oneself down
a camomila	camomile
o penteado	hair-do
estragar-se	to get spoilt
o trânsito	traffic
a notícia	(bit of) news

ACTIVITY 19

Correct the statements which are false.

1	A Sara toma uma água mineral.	V / F
2	A Sara atrasa-se sempre.	V / F
3	O Rodrigo atrasa-se sempre.	V / F
4	A Praia da Maré fica a quarenta e cinco quilómetros.	V / F
5	O penteado da Sara está a estragar-se.	V / F
6	O produtor de televisão vai telefonar ao Rodrigo.	V / F

ACTIVITY 20

The following lines are taken from the dialogue. Match
each comment with the appropriate response.

1	Mais uma água mineral?	a	Tem de ter paciência.
2	Tome um chá de camomila.	b	Não, obrigada.
3	É indesculpável.	c	Boa tarde?! Boa tarde?!
4	Boa tarde.	d	Não, obrigada.

ACTIVITY 21

Sara describes her early morning routine to dona Rosa. Imagine you have to report to Rodrigo what she says to dona Rosa. Use the following verbs and nouns:

Verbs	Nouns
levantar-se	a casa
sair	o ginásio
ir	a pastelaria
tomar	o pequeno almoço

STORY TRANSCRIPT

Dona Rosa	Mais uma água mineral, menina Sara?
Sara	Não, obrigada, dona Rosa. Estou à espera do Rodrigo há quarenta minutos. Ele atrasa-se sempre!
Dona Rosa	Até amanhã.
Sara	Eu levanto-me sempre cedo, saio de casa às oito horas, vou ao ginásio, tomo o pequeno almoço na Pastelaria. E chego sempre a horas. Nunca me atraso. E o Rodrigo atrasa-se sempre. É indesculpável!
Dona Rosa	Tem de ter paciência.
Sara	Mas eu estou à espera há quarenta . . . não, quarenta e cinco minutos!
Dona Rosa	Está a ficar nervosa. Tem de se acalmar. Tome um chá de camomila.
Sara	Não, obrigada. Estou a pensar . . . O Rodrigo atrasa-se, a sessão fotográfica vai começar tarde, o meu penteado está a estragar-se . . . Oh! E a Praia da Maré fica a quarenta quilómetros. Estou a ficar muito nervosa.
Rodrigo	Boa tarde!
Sara	Boa tarde?! Boa tarde?!
Rodrigo	Desculpa, Sara. Eu atraso-me sempre. É o trânsito. Mas tenho boas notícias. O produtor de televisão vai telefonar-te!

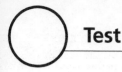

Test

Now it's time to test your progress in Unit 6.

1 Write out in full the following times in Portuguese.
(2 points for each correct answer, 1 point if you make
only one error)

1 5.45   2 11 p.m.   3 5.15
4 12.15 a.m. 5 12.30 p.m.

10

2 Fill in the missing forms of the demonstrative pronouns
from the grid

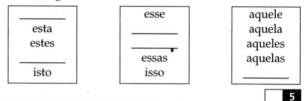

_____	esse	aquele
esta	_____	aquela
estes		aqueles
_____	essas	aquelas
isto	isso	_____

5

3 Provide the correct indirect pronoun in the following
sentences.

1 Buy her flowers.   Compre- _____ flores.
2 Black suits me.   O preto fica- _____ bem.
3 He is going to phone Ele vai telefonar- _____.
   you, Maria.
4 Give us some money! Dá- _____ dinheiro!
5 Send them a letter.   Envie- _____ uma carta.

5

4 How would you say the following
(2 points for each correct answer, 1 point if you make
only one error)

1 Until what time are they open?
2 Open all day.
3 Closed on Sundays.
4 From nine until eleven a.m.
5 Monday to Friday.

10

5 Complete the sentences with the correct form of the reflexive verb.

1 Nós _____ às sete da manhã. (levantar-se)
2 Eu _____ às onze da noite. (deitar-se)
3 Tu _____ aqui ao meu lado. (sentar-se)
4 Elas _____ sempre. (arrepender-se)
5 Ele _____ nas lojas da Baixa. (perder-se)

10

6 Match these phrases to the appropriate situations.

1 Estou à espera há 30 minutos.
2 Desculpe, a que horas abre a farmácia?
3 Tens de te acalmar.
4 Tenho boas notícias.
5 Despacha-te.

a You need to buy some medicine.
b You have been lucky and want to tell your friend.
c The bank is about to close and your friend is dawdling.
d You are angry because your friend is late.
e Your friend is very anxious.

5

7 Complete the names of the shops and other establishments.

1 _ar_ác_ _   6 _iv_ar_ _
2 s_ _ at_r_a   7 m_ _ _c_d_
3 s_p_ _me_ _ ad_   8 c_ _em_
4 _u_iv_s_ _i_   9 _an_o
5 c_f_   10 r_st_ _r_ n_ _

10

TOTAL SCORE **50**

If you scored less than 40, go through the dialogues and the Language Building sections again before completing the Summary on page 88.

Summary 6

Now try this final test summarizing the main points covered in this unit. You can check your answers on the recording.

How would you:
1 ask what the time is?
2 say it's half past one?
3 say it's a quarter to five?
4 ask when the banks open?
5 say they open at 9 a.m.?
6 ask a friend what her size is?
7 say 'I don't know – I'm thinking'?

REVISION

Before moving on, play Unit 6 through again. First, think how you would describe your daily timetable to a friend, either at home or at work, giving the exact times you start and finish activities or the time of day when you do them. You could even practise by drawing up a timetable for next week with the days of the week and the various hours.

Next time you go shopping, note down in Portuguese the opening and closing times of each place. Practise the demonstratives saying to yourself 'in this or that shop they sell …' and see how many items you can remember from the vocabulary lists so far. Practise agreements (with the right gender and number) by looking at an article and saying 'This is an X, that is a Y , those are Zs …'

On the phone
Ao telefone

OBJECTIVES

In this unit you'll learn how to:
- ✓ talk on the phone
- ✓ make invitations
- ✓ accept and decline invitations
- ✓ arrange to meet
- ✓ make requests
- ✓ give instructions
- ✓ understand the weather forecast

And cover the following grammar and language:
- ✓ the 'strong' object pronouns
- ✓ **com** + pronoun
- ✓ **que** ('which', 'that', 'who')
- ✓ the comparative
- ✓ the negative imperative
- ✓ irregular formal imperatives

LEARNING PORTUGUESE 7

You should now be expanding your stock of common expressions to include everyday things that do not appear in this book. Make a mental note of subjects you discuss at work, at home, and with your friends. Be alert to phrases that come up again and again in conversation, and work out how you would say them in Portuguese. This way you will gain practice in being able to respond more quickly so that you always having something to say, even if it is just a short phrase.

Now start the recording for Unit 7.

Can I speak to ... ?

Posso falar com ... ?

ACTIVITY 1 is on the recording.

ACTIVITY 2

1 Onde está o senhor Pinto?
2 Onde vai o senhor Pinto?
3 Quando regressa?
4 Com quem tem de confirmar a hora da reunião o senhor Pereira?

DIALOGUE 1

- ■ Está?
- ○ Desculpe, é do 3478569?
- ■ Não. É engano.

- ○ Está? Posso falar com o senhor Pereira?
- ▼ É o próprio.
- ○ Bom dia, senhor Pereira. Fala Pinto.
- ▼ Bom dia! Onde está?
- ○ Estou no comboio. Podemos marcar uma reunião para amanhã às dez horas?
- ▼ Amanhã . . . amanhã tenho uma reunião da direcção e . . . Tenho de confirmar com a minha secretária. Posso falar consigo mais tarde, senhor Pinto?
- ○ Claro. Eu vou a Coimbra e regresso ao fim da tarde. Desculpe, eu telefono-lhe mais tarde. Estes telemóveis!
- ▼ Ah, então falamos mais tarde. Até logo, senhor Pin . . .

VOCABULARY

está	hello (on the phone)
é engano	wrong number
é o próprio	speaking
marcar (uma reunião)	to arrange (a meeting)
confirmar	to confirm
a secretária	secretary
a reunião da direcção	board meeting
consigo	with you [*formal*]
mais tarde	later
o telemóvel	mobile phone, cell phone

✅ Talking on the phone:

When making a call or answering the phone, the Portuguese don't say 'hello' but use the verb **estar**.

    Está?   Hello? [= Are you there?]

Other phrases you will hear are:

Estou.	I'm here.
É engano.	Wrong number.
Fala Pires.	Pires speaking.

✅ Strong object pronouns

When following prepositions, a special form of the pronoun is used. These are known as strong object pronouns.

mim	me	**nós**	us
ti	you [*informal*]		
ele/ela	him/her	**eles/elas**	them
você/si	you [*formal*]	**vocês**	you [*plural*]

    Tenho uma carta **para si**. I have a letter for you.
    Gostas **de mim**? Do you like me?

✅ *com* followed by pronouns

The preposition **com** ('with') combines with the strong object pronouns to produce the following forms:

comigo	with me	**connosco**	with us
contigo	with you (*informal*)		
com ele	with him	**com eles**	with them (*m*)
com ela	with her	**com elas**	with them (*f*)
consigo	with you (*formal*)	**convosco**	with you (*plural*)

    Vens **comigo**?   Are you coming with me?

ACTIVITY 3

Join the phrases on the right with their matching halves on the left.

1	Posso falar	a	mais tarde?
2	Podemos marcar	b	uma reunião de direcção.
3	Amanhã tenho	c	com o senhor Pereira?
4	Posso falar consigo	d	confirmar com a minha secretária.
5	Tenho de	e	uma reunião?

 Now do activities 4 and 5 on the recording.

7.2   Can you book me ... ?

Pode reservar-me ... ?

ACTIVITY 6 is on the recording.

ACTIVITY 7

1 O Miguel Rocha quer ir a Faro
  a de comboio   **b** de avião.
2 Ele quer partir
  a amanhã de manhã   **b** hoje.
3 O voo das sete e um quarto chega a Faro
  a às nove horas   **b** às oito horas.
4 O Miguel Rocha quer receber um fax da agência
  a depois das cinco da tarde
  b antes das cinco da tarde.

DIALOGUE 2

○ Agência de Viagens Mar e Terra, boa tarde.
■ Boa tarde. Preciso de ir a Faro amanhã.
○ Um momento, por favor. Vou ligar à secção de reservas.
▼ Boa tarde. Faz favor?
■ Boa tarde. Fala Miguel Rocha. Pode reservar-me um
  lugar no voo de amanhã de manhã para Faro?
▼ No avião que parte às oito horas?
■ Não há um voo mais cedo?
▼ O voo das sete faz escala em Lisboa. Chega às nove.
■ O voo das oito horas é mais rápido do que o das sete?
▼ É sim.
■ Pode reservar-me um lugar no voo das oito?
▼ Muito bem.
■ E pode enviar-me um fax antes das cinco?

VOCABULARY

precisar de	to need to
o voo	flight
um momento	one moment
ligar	to connect
a secção	department, section
o avião	plane
fazer escala	to stop over
é sim	yes, it is
enviar	to send
o fax	fax

⊘ Making requests: *Pode ... ?* ('Can you ... ?'), *Queres ... ?* ('Will you ... ?')

For polite requests, use the verb **poder**.

Pode ligar-me com ... ? Can you connect me with ... ?
Pode reservar-me ... ? Can you book me ... ?

For more informal situations, you can use **querer** ('to want to', 'to be willing').

Queres telefonar ao Miguel? Will you phone Miguel?

⊘ *que* ('which', 'that', 'who')

The Portuguese word **que** is used to join sentences or clauses: it can be translated as 'which', 'that', or 'who', as appropriate.

Podes enviar o fax **que** o senhor Soares necessita? Can you send the fax that Mr Soares needs?
A senhora **que** telefona quer falar-te. The lady who is phoning wants to speak to you.

⊘ The comparative

The way to express 'more' and 'less' in Portuguese is to use **mais** and **menos**. 'than' is translated by **do que** or simply **que**.

Ela é mais/menos inteligente (do) que o Rui. She is more/less intelligent than Rui.
Ele compra mais/menos vinho (do) que o Rui. He is buying more/less wine than Rui.

ACTIVITY 8

Fill in the blanks with the appropriate form of **poder** or **querer**.

1	_____ ligar-me com ...?	Can you put me through to ...?
2	Tu _____ vir comigo às compras?	Will you come shopping with me?
3	_____ reservar-me um lugar?	Can they book me a seat?
4	_____ enviar-me um fax?	Can you send me fax?
5	_____ partir na sexta-feira?	Do you want to leave on Friday?

Now do activities 9 and 10 on the recording.

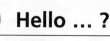

7.3 Hello … ?

Está … ?

 ACTIVITY 11 is on the recording.

ACTIVITY 12

What happens or should happen at these times?

1 cinco horas
2 sete e um quarto
3 antes das sete horas
4 sete e meia

DIALOGUE 3

○ Está, Isabel? Fala o Zé. São cinco horas. Queres vir comigo ao cinema hoje à noite? Telefona-me antes das sete. Ou então, encontramo-nos à porta do cinema às sete e meia. Ah! O filme chama-se 'Perdido na Cidade' e anda no …

○ Estou, Isabel? Sou eu outra vez. Estou a telefonar-te de uma cabine. O cinema chama-se Globo e fica na rua da Praia da Maré. Não te esqueças: à porta do cinema, às sete e meia. Ah! Não venhas sem guarda-chuva – está a chover. Até logo. …

■ Zé, fala a Isabel. São sete e um quarto. Tenho muita pena, mas hoje não posso ir contigo ao cinema. Fica para a próxima. Até amanhã!

VOCABULARY	
ou então	otherwise, or else
encontrar-se	to meet
à porta	at the door
o filme	film
andar em	to be showing in
a cabine	phone box, phone booth
esquecer-se de	to forget
não venhas	don't come [*informal*]
o guarda-chuva	umbrella
chover	to rain
ter pena	to be sorry
fica para a próxima	next time!

✓ The negative imperative

All commands when **negative** use the construction you have learned for making formal commands, i.e. using **e** endings on **-ar** verbs and **a** endings on **-er/-ir** verbs.

Nunca telefone antes das dez. Never phone before ten.
Não enviem o fax. Don't send the fax.

Note that the **tu** form retains its **s** ending.

Não regresses tarde. Don't come back late.

Any object pronouns come in front of the verb.

Não me esqueças. Don't forget me.

✓ Irregular formal imperatives

estar	**esteja**	ter	**tenha**	dar	**dê**
ver	**veja**	fazer	**faça**	ir	**vá**
ser	**seja**	trazer	**tragas**	air	**saia**
vir	**venha**	dizer	**diga**	poder	**possa**

✓ *o tempo* – the weather

The verbs **fazer** and **estar** are both used to describe the weather.

Faz frio.	It's cold
Faz sol.	It's sunny.
Faz vento.	It's windy.
Está calor.	It's hot.
Está bom tempo.	It's fine.
Faz mau tempo.	The weather's bad.

ACTIVITY 13

Complete the sentences using the formal imperative and inserting the pronoun in the correct position.

1 Por favor _____ antes das dez da manhã.
   (telefonar / me)
2 Aqui tem o fax para a Cristina. Não _____ tarde!
   (enviar / o)
3 Pois sim, _____ dois lugares no comboio das seis.
   (reservar / nos)
4 A reunião de amanhã. Não _____ antes das dez!
   (confirmar / a)

 Now do activities 14 and 15 on the recording.

The weather

O tempo

faz sol :Ö: está a chover 🌧   está a nevar ❄

está nublado ☁   nevoeiro ▬   aguaceiros 🌦

ventos fortes **F**   ventos moderados **M**   sol e nuvens ⛅

a temperatura vai subir **T⇧**   a temperatura vai descer **T⇩**

CIDADE	C°	Tempo		
Amesterdão	14	☁	M	
Atenas	33	:Ö:	T⇧	
Barcelona	31	:Ö:	T⇧	
Berlim	12	▬	T⇩	
Bruxelas	17	🌦	T⇩	
Copenhaga	23	:Ö:		
Dublim	16	🌧	F	
Helsínquia	8	❄	T⇩	
Istambul	37	:Ö:		
Lisboa	28	⛅	M	
Londres	15	⛅	F	T⇩
Madrid	39	:Ö:		
Paris	25	:Ö:	M	
Roma	27	☁	T⇧	

está a nevar	it's snowing
está nublado	it's cloudy
mau/má	bad
as trovoadas	thunder
o nevoeiro	mist
os aguaceiros	showers
a nuvem	cloud
forte	strong
moderado/a	moderate
o grau	degree
nevar	to snow
nublado	overcast, cloudy
a temperatura	temperature
subir	to rise, go up
descer	to go down
o grau	degree
quente	warm, hot

ACTIVITY 16

Using the grid, compare the temperatures in the following cities:

Example: Londres – Helsínquia
> *Em Londres está **mais** quente **do que** em Helsínquia.*
> Bruxelas – Copenhaga
> *Em Bruxelas está **mais frio do que** em Copenhaga.*

1 Dublim – Paris
2 Lisboa – Barcelona
3 Helsínquia – Madrid
4 Atenas – Roma
5 Istambul – Londres
6 Berlim – Copenhaga

ACTIVITY 17

Now describe the weather in the following places:

Example: Roma: *Está quente; está nublado; a temperatura vai subir.*

1 Lisboa
2 Bruxelas
3 Amesterdão
4 Londres
5 Berlim
6 Helsínquia
7 Dublim

UM TELEFONEMA PARA INGLATERRA
A TELEPHONE CALL TO ENGLAND

A Sara telefona ao namorado, que se chama João. Ele é dançarino numa companhia de bailado inglesa e está em Inglaterra.

Sara rings her boyfriend, who is called João. He is a dancer in an English dance company and he is in England.

interromper	to interrupt
o ciúme	jealousy
que ideia!	the very idea!
mudar	to change
o assunto	subject
sair	to go out, to come out
não saias	don't leave [*from* **sair**]
usar	to wear
apanhar	to catch
húmido/a	wet
uma constipação	a cold
troçar de	to make fun of
preocupar-se com	to worry about

ACTIVITY 18

Listen to the story again. **Verdadeiro ou Falso?** Correct the statements which are false.

1 O João telefona à Sara.   V / F
2 A Sara vai telefonar ao Jorge Santos. V / F
3 O João tem ciúmes.   V / F
4 No norte de Portugal estão trinta graus. V / F
5 Amanhã vai chover em Portugal.   V / F
6 Faz calor em Inglaterra.   V / F
7 A Sara tem uma constipação.   V / F
8 O João troça da Sara.   V / F

ACTIVITY 19

1 Imagine that Rodrigo and his family are planning to visit England and that you are giving them advice on the precautions to take against the English weather. Take what Sara says to João in the latter part of the dialogue as your model, and use the following verbs and nouns:

Verbs	*Nouns*
sair	o guarda-chuva
esquecer-se	a roupa quente
usar	a constipação
apanhar	

2 Give the same advice to Jorge Santos. Don't forget that you are likely to be on more formal terms with him than Sara is with João, and that, in consequence, you should use the more formal third person singular of the verbs.

STORY TRANSCRIPT

Sara   Está? João?
João   Olá, Sara? Estás boa?
Sara   Estou, obrigada. Mas estou nervosa. O Jorge Santos . . .
João   Jorge Santos? Quem é?
Sara   É um produtor de televisão que vai . . .
João   Ah! Muito interessante! Um produtor de televisão!
Sara   Não me interrompas! Ele quer falar comigo sobre projectos para o futuro. Vai telefonar-me. Estou muito nervosa!
João   Quer falar contigo? Vai telefonar-te? Hum . . . Eu estou a ficar mais nervoso do que tu. E estou com ciúmes!
Sara   Oh, que ideia! Vamos mudar de assunto. Como está o tempo em Inglaterra? Em Portugal estão vinte e cinco graus no norte e trinta no sul; faz sol, mas amanhã vai chover e a temperatura vai descer.
João   Ah, ah! Vamos falar do tempo. É um assunto muito interessante. Aqui está nublado e faz frio. O tempo em Inglaterra é mais frio e húmido do que em Portugal.
Sara   Então, não saias sem guarda-chuva! E não te esqueças de usar roupas quentes! Não apanhes uma constipação!
João   Sim, mamã.
Sara   Não troces de mim! Eu preocupo-me contigo . . .

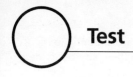

Test

Now it's time to test your progress in Unit 7.

1 Make the following commands negative. Remember to put the pronouns in the correct position.
(2 points for each correct answer, 1 point if you make only one error)

1 Reserve-me um lugar no voo das dez.
2 Envie o fax à secretária do senhor Soares.
3 Compre-lhe um telemóvel.
4 Telefona à agência de viagens.
5 Pensas que não posso ir.

10

2 You are on the phone booking some tickets. Provide the questions for the following answers.
(2 points for each correct answer, 1 point if you make only one error)

1 Q: _____
A: Para ir ao Porto amanhã de manhã? Acho que sim.
2 Q: _____
A: No avião que parte às seis e cinco? Está bem.
3 Q: _____
A: Não, só um voo que parte às cinco e dez, mas chega mais tarde.
4 Q: _____
A: Para três, não. Há só dois lugares.
5 Q: _____
A: Com certeza. Qual é o seu número de fax?

10

3 Unscramble the following words which are all to do with offices and business.

1 velómetel   4 gênacia   7 çãoces
2 társeceria   5 eunirão   8 sastuno
3 recdição   6 xaf   9 jectropo

9

4 Match the following words with the weather description in English.

1 nevoeiro
2 está nublado
3 trovoadas
4 ventos fortes
5 aguaceiros
6 está a chover
7 faz sol
8 está a nevar
9 está frio
10 está quente

a 'cats and dogs'
b blowing a gale
c lots of clouds
d reduced visibility
e you need your sunglasses
f soft white flakes falling
g sunshine mixed with rain
h time for a nice cool drink
i time to put on a jumper
j very noisy weather

10

5 Translate the following comparisons into Portuguese. (2 points for each correct answer, 1 point if you make only one error)

1 Lisbon is further away than Glasgow.
2 A mobile phone costs less than a flight to Paris.
3 Her dress is prettier than mine.
4 These sleeves are shorter.
5 He always arrives later than Senhor Pires.

10

TOTAL SCORE **49**

If you scored less than 39, go through the dialogues and the Language Building sections again before completing the Summary on page 102.

Summary 7

Now try this final test summarizing the main points covered in this unit. You can check your answers on the recording.

How would you:
1 say 'hello' when calling someone on the phone?
2 ask 'Can we arrange a meeting for two o'clock?'?
3 ask the travel agency if they can book you two seats on tomorrow's flight?
4 say it's sunnier in Athens than in Lisbon?
5 invite a friend to go with you to Faro?
6 tell someone calling your office not to phone until tomorrow?

REVISION

Before moving on to the Review section, play Unit 7 through again. Go over any vocabulary and structures you still feel unsure of and do the same for Units 4, 5, and 6.

Imagine you are on the phone to a friend or a company (if you have a cordless or mobile phone, pick it up without switching it on and pretend to speak into it). Think of different situations (such as ordering goods, booking tickets for the theatre, cinema, or train, arranging a party, inviting friends round to dinner, etc.) and make up your side of the dialogue. Practise all the forms of commands you have now learnt by giving instructions over the phone to somebody (giving directions on how a friend can find your house, telling a partner or child what they have to do – or not do!, – etc.).

Review 2

VOCABULARY

1 Which is the odd one out on each line below?

1 me / eu / meu / metro
2 esse / ele / este / aquele
3 sua / nossa / só / seu
4 quer / quem / quanto / qual
5 prémio / segundo / quinto / sétimo

2 Unscramble these words to do with transport.

1 ixtá   2 léctecori   3 boicomo
4 racor   5 carautoro   6 mocanieta
7 aoviã   8 crabo   9 tremo

3 Match the Portuguese words in 1–7 with the appropriate description from a–g, and then translate a–g, taking care to make all the necessary agreements.

1 secretária   a Mafalda is a photographer.
2 português   b Clara and Paula are very thin.
3 fotógrafo   c Francisco and Paulo are
4 bom médico   electricians.
5 electricista   d João and Miguel are Portuguese.
6 muito magro   e Carlos is a lawyer.
7 advogado   f Joana and Maria are secretaries.
                   g Ana is a good doctor.

4 Here is a description of the weather in some European cities. Choose the most appropriate expression for each.

| está frio   está quente |

1 Paris: vinte e seis graus – faz sol – não há vento – _____

2 Londres: estão seis graus – nublado – ventos moderados – _____

3 Copenhaga: estão 0 graus – não faz sol – não faz vento – _____

4 Lisboa: trinta graus – trovoadas – está nublado – _____

5 Amesterdão: três graus – está nublado – não faz vento – _____

GRAMMAR AND USAGE

5 Complete the sentences with the appropriate form of the correct verb 'to be', choosing from **ser**, **estar**, and **ficar**.

1 Olá, Maria! Como _____ os teus amigos, João e David?
2 E onde _____ o Carlos? Nunca mais vem à pastelaria.
3 Bom dia. Onde fica a estação de serviços? _____ longe?
4 Desculpe. A quantos quilómetros _____ a Serra da Estrela?
5 A Sara e eu preocupamo-nos muito. _____ sempre nervosas.

6 Complete the sentences with the appropriate verb from the box.

faço podes dizem vai temos

1 Amanhã a temperatura _____ subir.
2 Nós _____ de chegar cedo à paragem de autocarro.
3 Mamã, _____ dizer-me onde está a minha camisa?
4 Elas _____ sempre que eu estou mais magro do que o Marcos.
5 Eu não _____ nunca o que a minha amiga quer.

7 Turn the following statements or questions into negative commands.

1 <u>Falas</u> muito com esse cliente.
2 <u>Vens</u> comigo à estação?
3 <u>Diz-me</u> a que horas vai chegar o comboio?
4 [Você] <u>Sai</u> de casa às sete da manhã.
5 <u>Preocupas-te</u> com o dinheiro. Que ideia!

8 Fill in the missing pronouns in the grid.

subject	direct object	indirect object	reflexive	strong pronoun
__1__	me	me	me	__5__
tu	__2__	te	te	ti
ele/ela; você	o/a	__3__	__4__	ele/ela; si
nós	nos	nos	nos	nós
eles/elas; vocês	__6__	lhes	se	__7__ ; si

9 Listen to the conversation between Henrique and the travel agent. **Verdadeiro ou Falso?** Correct the statements which are false.

1 Henrique is going to Porto on Wednesday.	V / F
2 He has to arrive before ten in the morning.	V / F
3 The travel agent recommends the coach.	V / F
4 The coach is dearer than going by air.	V / F
5 Henrique books two seats.	V / F
6 He is also going to Aveiro on Friday.	V / F
7 Aveiro is sixty kilometres from Oporto.	V / F
8 The agent recommends the bus.	V / F
9 Henrique asks for a single ticket.	V / F
10 He chooses second class.	V / F

10 Listen to the three messages on Marta's answer phone from friends who are planning to stay with her and then fill in the grid in Portuguese with the day and time of each friend's arrival and departure.

	Cristina	Carlos	Judite
ARRIVAL day			
time			
DEPARTURE day			
time of day			

11 You're going to describe yourself, your work, and your daily routine to a job analyst. Prepare the questions in the book first and then join in the dialogue on the recording. Try not to use your notes.

Analyst	Bom dia. Qual é o seu nome?
You	Say you're called Clara Pires.

Analyst	E onde mora?
You	Say 'In the Rua da Constituição, number 42'.

Analyst	E o que faz?
You	Say you're a doctor.

Analyst	Descreva o seu dia-a-dia. Quando acorda?
You	Say you get up at seven.

Analyst	E quando chega ao trabalho?
You	Say you arrive at 7.45.

Analyst	Ao meio dia, o que faz?
You	Say you have a coffee and go back to work.

Analyst	A que horas sai do trabalho?
You	Say 'never before 8 p.m.'.

12 A friend's rung you on his mobile phone to say he can't find the way to your flat. Use the prompts below to give him instructions. Prepare what you're going to say first and then join in the dialogue on the recording. Try not to use your notes.

1 Carry on until the second street on the right.
2 Turn left next to the bank.
3 You'll see the town hall.
4 You have to turn left and go up the street.
5 It's a hundred metres to the chemist's .
6 My flat is opposite the chemist's.
7 Hello! I can see you from my flat!

8

What are we going to do?
O que vamos fazer?

OBJECTIVES

In this unit you'll learn how to:

✓ express ideas about the future

✓ express your intentions

✓ give and ask for advice

✓ express opinions and doubts

✓ make announcements

And cover the following grammar and language:

✓ **tencionar** and **pensar** to express intentions

✓ the future tense

✓ the imperfect tense (1)

✓ the prepositions **por** and **para**

✓ the subjunctive

✓ **há** in time expressions

LEARNING PORTUGUESE 8

Try also to get access to satellite television or videos in Portuguese. Don't worry about trying to understand everything, but get used to hearing everyday Portuguese spoken at normal speed. International news is a good thing to listen to, particularly if you have already heard the news in English and have an idea of what the Portuguese speaker may be talking about. Soaps and TV series are also fun to watch. Their language is usually not too elaborate, and the pictures will often give you clues as to what is being said. Don't forget to use your dictionary too.

 Now start the recording for Unit 8.

I'd like to open an account
Quero abrir uma conta

ACTIVITY 1 is on the recording.

ACTIVITY 2

1 O cliente quer **a** abrir uma conta **b** pagar uma conta.
2 O cliente **a** tenciona passar cheques
   b não tenciona passar cheques.
3 O cliente quer **a** um cartão de débito
   b um cartão de débito e um cartão de crédito.
4 O cliente receberá o cartão de débito
   a dentro de uma semana **b** dentro de um mês.

DIALOGUE 1

○ Boa tarde. Eu quero abrir uma conta.
■ Tenciona passar cheques e utilizar o caixa automático?
○ Não penso passar cheques, mas quero um cartão de débito. Ah, e também quero um cartão de crédito.
■ Muito bem. Com uma conta corrente, terá um cartão de débito. Enviaremos o cartão dentro de uma semana.
○ Óptimo! E o cartão de crédito?
■ Receberá o cartaõ dentro de um mês. Com o nosso cartão de débito poderá pagar todas as suas contas no caixa automático. A electricidade, o telefone e os impostos.
○ Os impostos?! Com o cartão de débito? Óptimo!

VOCABULARY

a conta (corrente)	(current) account, (checking) account
tencionar	to intend
passar um cheque	to write a cheque
o cheque	cheque
utilizar	to use
o caixa automático	cashpoint, ATM
o cartão de débito	debit card
o cartão de crédito	credit card
dentro de	within
o mês	month
pagar	to pay
a electricidade	electricity
o imposto	tax

⊘ Expressing future intentions

tencionar and **pensar** are often used to express what you intend or plan to do in the future. Although **pensar** usually means 'to think', it can also be used in the sense of what you are 'thinking of doing', hence 'to intend'.

O que **pensas** fazer amanhã? What do you intend to do tomorrow?
Tenciono ir ao cinema. I intend to go the cinema.
Não **pensas** ir também? Aren't you thinking of going too?

⊘ The future

You have already seen several ways of referring to the future – the use of the present tense and **ir** + the infinitive. In the spoken language these alternatives to the future tense are more common, but in more formal situations and in written Portuguese you will come across the future. For regular verbs, it is formed by adding the endings **-ei**, **-ás**, **-á**, **-emos**, **-ão** to the infinitive.

	falar	**comer**	**partir**
(eu)	falar*ei*	comer*ei*	partir*ei*
(tu)	falar*ás*	comer*ás*	partir*ás*
(ele/ela; você)	falar*á*	comer*á*	partir*á*
(nós)	falar*emos*	comer*emos*	partir*emos*
(eles/elas; vocês)	falar*ão*	comer*ão*	partir*ão*

Depois de estudar em Lisboa, ela **falará** português muito bem.
After studying in Lisbon she will speak Portuguese very well.
Comeremos à uma. We will eat at one o'clock.
Ele **partirá** cedo na sexta-feira. He'll leave early on Friday.

ACTIVITY 3

Form the future tense of the following verbs with the correct ending for each person given.

1 pagar (você)
2 utilizar (nós)
3 marcar (eu)
4 saber (eu)
5 ter (tu)
6 vir (ela)
7 poder (eles)
8 subir (tu)
9 partir (nós)
10 perder (elas)

Now do activities 4 and 5 on the recording.

Nos correios

ACTIVITY 6 is on the recording.

ACTIVITY 7

To whom do the following statements refer: the male or the female customer?

1 Quer enviar uma encomenda para o estrangeiro.
2 Tem muita pressa.
3 Quer enviar uma carta para Inglaterra.
4 Quer enviar uma carta e uma encomenda.
5 Quer enviar uma carta registada.

DIALOGUE 2

○ Boa tarde. O que deseja?
■ Boa tarde. Eu queria enviar esta carta por correio azul.
○ É para Portugal ou para o estrangeiro?
■ É para a Inglaterra. Quanto tempo demora?
○ A carta chegará ao destinatário dentro de dois dias.
■ Quanto custa o selo?
▼ Desculpe, eu queria enviar uma carta registada.
○ Terá de aguardar a sua vez.
▼ Mas eu tenho muita pressa.
○ Desculpe, mas terá de aguardar a sua vez!
■ Eu queria enviar … .
○ Um momento! Faz favor!
■ Queria enviar uma encomenda para o estrangeiro.

VOCABULARY	
desejar	to want
a carta	letter
o correio azul	express mail
o estrangeiro	abroad
quanto tempo … ?	how long … ?
demorar	to take [*time*]
o destinatário	addressee
o selo	stamp
registado/a	recorded
aguardar (a vez)	to wait (one's turn)
a encomenda	parcel, package

✓ *The imperfect tense (1)*

	falar	comer	partir
(eu)	falava	comia	partia
(tu)	falavas	comias	partias
(ele/ela; você)	falava	comia	partia
(nós)	falávamos	comíamos	partíamos
(eles/elas; vocês)	falavam	comiam	partiam

The main use of the imperfect tense is to describe an action that either went on for some time or used to happen regularly or frequently in the past. This will be covered in detail in Unit 9.

In Dialogue 1 here, another use of the imperfect is illustrated. The imperfect is frequently used instead of the English form 'I would …'.

Queria enviar esta carta. I'd like to send this letter.
No teu lugar, eu **enviava**-a amanhã. If I were you, I'd send it tomorrow

✓ The prepositions *por* and *para*

The prepositions **por** and **para** can both be translated 'for', but their uses are quite distinct.

por means 'by' or 'through' or expresses *reason*.
para means 'for' or 'to/towards' or expresses *purpose*.

Enviarei a carta **por** correio azul. I shall send the letter by express mail.
Quanto custa um selo **para** o Brasil? How much is a stamp for Brazil?

Note that when **por** is used with the definite article (**o/a/os/as**), the words combine to form: **pelo / pela / pelos / pelas**.

Esperamos **pela** tua visita. We are waiting for your visit.

ACTIVITY 8

Form the imperfect tense of the following verbs with the correct ending for each person given.

1 querer (vocês)
2 precisar (nós)
3 receber (eu)
4 tencionar (eu)
5 demorar (tu)
6 abrir (ela)
7 poder (eles)
8 aguardar (tu)
9 partir (nós)
10 saber (elas)

 Now do activities 9 and 10 on the recording.

In my opinion ...

Na minha opinião ...

ACTIVITY 11 is on the recording.

ACTIVITY 12

Some of these statements are false. Identify and correct them.

O Afonso:

1 trabalha há vinte anos.
2 trabalha nos Correios.
3 não sabe o que fazer.

4 sente-se cansado.
5 tem quarenta anos.
6 não agradece os conselhos.

DIALOGUE 3

○ Eu trabalho no banco há vinte anos ... Há vinte anos! Sinto-me cansado ...

■ Na minha opinião, precisas de uma mudança. Eu tenho um novo emprego, nos Correios, e sinto-me mais feliz!

▼ Eu acho que precisas de férias, Afonso. Vai de férias, descansa, diverte-te!

■ Não, eu não acho que tu precises de férias, Afonso. Precisas de um novo emprego, mais interessante.

○ Não te esqueças que tenho cinquenta anos!

▼ Quantos anos tens!? Só cinquenta!

○ Não sei o que fazer! Mas agradeço os vossos conselhos.

VOCABULARY	
sentir-se	to feel
cansado/a	tired
na minha opinião	in my opinion
a mudança	change
o emprego	job
feliz	happy
ir de férias	to go on holiday, to go on vacation
descansar	to rest
divertir-se	to enjoy oneself
interessante	interesting
ter ... anos	to be ... years old
quantos anos tens?	how old are you?
agradecer	to thank

✓ The subjunctive

You are already familiar with the forms of the subjunctive and one of its uses: it is the form of the verb used for the formal imperative, which you learned in Unit 5. Here are the full forms.

	falar	**beber**	**partir**
(eu)	**fale**	**beba**	**parta**
(tu)	**fales**	**bebas**	**partas**
(ele/ela; você)	**fale**	**beba**	**parta**
(nós)	**falemos**	**bebamos**	**partamos**
(eles/elas; vocês)	**falem**	**bebam**	**partam**

The subjunctive mood is also used to talk about things that you do not agree with or think are true.

> Não acho que eles mereçam o prémio. I don't think they deserve the prize.
> Não acredito que eles falem Italiano. I don't believe they speak Italian.

✓ Time expressions in the past

To say how long ago something happened, Portuguese uses the verb **há**.

> **Há** cinco semanas ela estava em São Paulo. Five weeks ago she was in São Paolo.
> Eu falava com o David **há** dois dias. I was speaking to David two days ago.

English uses 'for' and a verb in the past tense to refer to a period of time stretching from the past to the present. Portuguese uses **há** with the present tense.

> **Moro** em Lisboa **há** cinco anos. I have lived in Lisbon for five years.
> **Há** dois meses que **trabalho** aqui. I have been working here for two months.

ACTIVITY 13

Translate the following sentences using **há**.

1 I was living in Paris five years ago.
2 He has lived in Paris for ten years.
3 I was working in Angola eight weeks ago.
4 Six days ago I was opening a current account at the bank.
5 I have wanted a new job for fifteen years!

🎧 Now do activities 14 an 15 on the recording.

8.4 The media

Os meios de comunicação

ACTIVITY 16

RTP 1	RTP 2
18.00 DESENHOS ANIMADOS	**ÓPERA:** *Carmen de Bizet*
18.30 O PARLAMENTO	
19.10	**FUTEBOL:** *Benfica vs Boavista*
20.00 NOTICIÁRIO	
20.30 TELENOVELA	
21.00 FILME: *E.T.*	**DOCUMENTÁRIO:** *As Girafas do Quénia*
21.30	**FILME:** *Casablanca*
22.30 DOCUMENTÁRIO: *Os Elefantes*	
23.30 NOTICIÁRIO	

os desenhos animados	cartoon
a ópera	opera
o parlamento	parliament
o futebol	football, soccer
o noticiário	the news
a telenovela	soap opera
o documentário	documentary
a girafa	giraffe
o Quénia	Kenya
o elefante	elephant

Four family members are trying to decide which programmes to watch on television. Study the above TV listing and help them decide which programmes to watch: try to make sure that two people at least will be watching the selected programme; and don't forget that the children have to be in bed by 9.30!

Here are their preferences:
1 the teenage son is very keen on sports and cartoons;
2 the mother enjoys old films and documentaries;
3 the father likes old films and sports programmes;
4 the young daughter likes cartoons and documentaries on wild life.

ACTIVITY 17

Match the following pieces of advice given in an agony column with the problems described below.

Consultório Sentimental

Answers

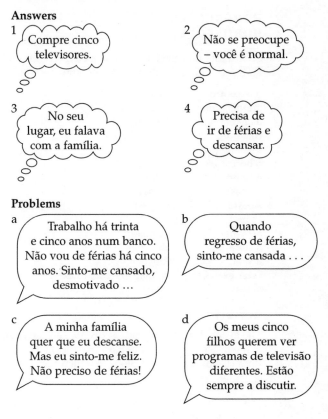

1 Compre cinco televisores.

2 Não se preocupe – você é normal.

3 No seu lugar, eu falava com a família.

4 Precisa de ir de férias e descansar.

Problems

a Trabalho há trinta e cinco anos num banco. Não vou de férias há cinco anos. Sinto-me cansado, desmotivado …

b Quando regresso de férias, sinto-me cansada . . .

c A minha família quer que eu descanse. Mas eu sinto-me feliz. Não preciso de férias!

d Os meus cinco filhos querem ver programas de televisão diferentes. Estão sempre a discutir.

ACTIVITY 18

Complete the sentences with the correct form of the subjunctive.

1 I don't think she likes white wine
Não acho que ela _____ de vinho branco.

2 We don't believe he speaks seven languages.
Não acreditamos que ele _____ sete linguas.

3 They don't think I deserve the prize.
Eles não acham que eu _____ o prémio.

4 He doesn't believe I know the Pope.
Ele não acredita que eu _____ o Papa.

HORÓSCOPES
HOROSCOPES

A Sara está na Pastelaria Doçuras com o Rodrigo. Ela está a ler o seu horóscopo desta semana numa revista.

o encontro	meeting
inesperado/a	unexpected
a alegria	happiness, joy
cuidar de	to take care of
a saúde	health
o horóscopo	horoscope
o signo	star sign
eu nasci	I was born
Agosto	August
Leão	Leo
acreditar	to believe
a coisa	thing
a vida	life
fazer exercício	to take exercise, to exercise
nessas	= em essas

ACTIVITY 19

The events forecast for the next week and the suggestions made in the horoscopes of Sara (Balança/*Libra*) and dona Rosa (Leão/*Leo*) are jumbled. To which sign does each statement apply?

1 Faça uma dieta rigorosa.
2 Faça exercício.
3 Terá uma surpresa.
4 Terá boas notícias.
5 Terá um encontro inesperado.
6 Encontrará uma pessoa.

Balança LIBRA

Leão LEO

ACTIVITY 20

This is Sara's horoscope in a teenage magazine. It is written more informally, addressing the reader with **tu**. Supply the correct verb forms and/or any relevant personal or possessive pronouns.

Balança LIBRA

1 _____ boas notícias esta semana.
2 Um encontro inesperado vai dar-_____ uma grande alegria.
3 _____ da _____ saúde e _____ uma dieta rigorosa.

STORY TRANSCRIPT

Sara	'Terá boas notícias esta semana. Um encontro inesperado vai dar-lhe uma grande alegria. Cuide da sua saúde e faça uma dieta rigorosa.' Hum . . . Acho que este horóscopo está errado.
Rodrigo	Porquê, Sara?
Sara	Não sei . . . Não acho que precise de cuidar da saúde. Mas tenciono fazer uma dieta rigorosa.
Dona Rosa	Menina Sara, o que deseja?
Sara	Eu queria uma água mineral sem gás, por favor.
Dona Rosa	Muito bem.
Sara	Ah, dona Rosa . . .
Dona Rosa	Sim? Um croissant? Um pastel de natas?
Sara	Não, não, obrigada. Eu queria perguntar-lhe qual é o seu signo.
Dona Rosa	O meu signo? Eu nasci em Agosto. Nasci no dia 10 de Agosto.
Sara	Ah, então é Leão. Vou ler o seu horóscopo.
Dona Rosa	Eu não acredito nessas coisas . . .
Sara	'Esta semana terá uma surpresa muito agradável. Encontrará uma pessoa muito importante na sua vida. Cuide da sua saúde e faça exercício.
Dona Rosa	Exercício, eu?!

Test

Now it's time to test your progress in Unit 8.

1 Fill the gaps with the correct form of the verb in the future tense.

   1 Eu (**ter**) _____ de abrir outra conta para usar o caixa automático.
   2 Tu (**poder**) _____ pagar a conta do gás na sexta-feira.
   3 Eles não (**precisar**) _____ de férias este ano.
   4 A encomenda (**chegar**) _____ a Portugal dentro de quatro dias.
   5 Vocês (**ir**) _____ ao banco antes de ir ao aeroporto.

> **5**

2 You're going to make a number of requests at the bank and post-office. Translate the following sentences into Portuguese using the imperfect.
(2 points for each correct answer, 1 point if you make only one error)

   1 Could I open a current account, please?
   2 I'd need a credit card too.
   3 I would like to send a registered letter to France.
   4 I would like to know how much the stamp is for Brazil.
   5 Could I also send this parcel?

> **10**

3 Unscramble the following words which are all to do with banks and post-offices.

1 tacon	6 hequec	11 tagisdore
2 ixaca	7 soptomi	12 coban
3 tãorac	8 osle	13 entecli
4 rocorei	9 nedacomne	14 ébtido
5 réctodi	10 ratac	15 imátotauco

> **15**

4 Complete the sentences with either **por** or **para**.

   1 Queria um selo _____ Portugal.

2 Quero enviar esta carta _____ correio azul.
3 Essa encomenda é _____ mim?
4 Podia ajudar-me um momento, _____ favor?
5 Receberei a resposta _____ fax?

5

5 Give the correct answers to these questions in Portuguese, using **há**.
(2 points for each correct answer, 1 point if you make only one error)

○ Há quanto tempo estudas Português?
1 Say you've been studying Portuguese for ten weeks.

_____

○ Quando moravas no Porto?
2 Say 'Nine years ago'.

_____

○ Há quanto tempo estás à espera do cartão de crédito?
3 Say 'For ten days'.

_____

○ Porque queres um novo emprego?
4 Say you've worked in a supermarket for seventeen years!

_____

○ Quando pensavas ver a Marta?
5 Say 'Three and a half hours ago'.

_____

10

6 Complete the sentences giving the correct form of the indicative or the subjunctive, as appropriate.

1 Não acredito que eles _____ todos os dias. (escrever)
2 Acho que ela nunca _____ a conta da electricidade. (pagar)
3 Não acredito que elas _____ naquele banco ali. (trabalhar)
4 Não acredito que ele _____ tudo. (comer)
5 Acho que ele _____ em Nova Iorque. (viver)

5

TOTAL SCORE **50**

If you scored less than 40, go through the dialogues and the Language Building sections again before completing the Summary on page 120.

Summary 8

Now try this final test summarizing the main points covered in this unit. You can check your answers on the recording.

How would you:
1 say you'd like to open a bank account?
2 say you intend to use the cash machine?
3 tell someone he'll have to wait two weeks?
4 ask the price of a stamp to the United States?
5 say you don't think you need a holiday?
6 say a week ago you were in France?
7 say you've lived in Scotland for twenty years?

REVISION

Before moving on to Unit 9, think about the week ahead and write down what you intend doing each day. Try to put your plans into Portuguese and practise each of the various ways of expressing your intentions – **vou** … , **penso** … , **tenciono**… , and the future tense. Then imagine what you would like to do rather than what you are actually going to do! Practise using the imperfect of **querer** to express these wishes.

Finally try and express some of your own opinions, what you believe or don't believe about what is happening around you, and so get a little practice on when to use the subjunctive.

Personal relationships
Relações pessoais

OBJECTIVES

In this unit you'll learn how to:

- ✓ offer, accept, and refuse
- ✓ pay compliments
- ✓ talk about the past and your family
- ✓ talk about your background and personal details

And cover the following grammar and language:

- ✓ the imperfect tense (2)
- ✓ the superlative
- ✓ **ou ... ou** ('either ...or'), **nem ... nem** ('neither ... nor')
- ✓ the imperfect continuous
- ✓ irregular comparatives and superlatives
- ✓ adjectives with **muito** and the **-íssimo** form

LEARNING PORTUGUESE 9

Practise ways of getting your meaning across, even if you don't know the exact words or phrases in Portuguese. A basic example is the use of tenses. If you don't know the relevant past tense form but want to talk about yesterday, use the verb in the present tense and the word 'yesterday'. With practice, you'll find that you will improve your ability to approximate and to describe things, even if you're aware that you do not have the exact vocabulary or phrases. Use facial expressions, gestures, anything to get your meaning across. The important thing is to build up confidence.

Now start the recording for Unit 9.

Dinner was delicious!

O jantar estava delicioso!

ACTIVITY 1 is on the recording.

ACTIVITY 2

Correct the statements which are false.

1 Dantes, a Diana não tomava café.   V / F
2 O Vicente toma café.   V / F
3 Dantes, o Vicente bebia bastante.   V / F
4 Agora, o Vicente bebe bastante.   V / F
5 O café tira o sono ao Vicente.   V / F

DIALOGUE 1

○ O jantar estava delicioso!
■ Obrigada. Tomam café? Diana, tomas café?
○ Não, obrigada. Dantes, tomava quatro ou cinco cafés por dia e dormia bem. Agora, não. O café tira-me o sono.
○ Ah sim? E tu, Vicente, tomas café?
▼ Sim, obrigado. O café não me tira o sono.
● E que tal uma aguardente velha? Vá lá!
○ Dantes, o Vicente bebia bastante. Mas desde o nosso casamento não bebe … quase nunca.
■ E tu, Diana, tomas uma bebida? Um licor?
○ Não, obrigada. As bebidas alcoólicas tiram-me o sono.
○ Ah, já são dez horas. Vicente, vamos embora?

VOCABULARY	
o jantar	dinner
dantes	before, in the past
dormir	to sleep
tirar o sono	to keep awake
que tal … ?	how about … ?
vá lá!	come on!
bastante	quite a lot
o casamento	marriage, wedding
quase nunca	hardly ever
o licor	liqueur
alcoólico/a	alcoholic
ir embora	to leave, to go away

⊘ The imperfect tense of irregular verbs

	ser	ter	vir	ir
(eu)	era	tinha	vinha	ia
(tu)	eras	tinhas	vinhas	ias
(ele/ela; você)	era	tinha	vinha	ia
(nós)	éramos	tínhamos	vínhamos	íamos
(eles/elas; vocês)	eram	tinham	vinham	iam

⊘ The imperfect tense (2)

When talking about the past you have to differentiate between:
(a) actions that took a long time or were repeated and therefore require the *imperfect* tense and (b) actions that happened momentarily or only once and require the *preterite*. The preterite will be covered in the next unit, and you will get plenty of practice to help you master when to use each tense.

As mentioned in Unit 8, the imperfect is used to describe an action that either continued for some time or used to happen frequently or regularly in the past.

> Eu **brincava** sempre com o meu irmão quando **éramos** jovens.
> I always used to play with my brother when we were young.
> Ele **tinha** sete anos nessa altura. He was seven at the time.
> No Inverno **fazia** sempre muito frio no Canadá. In winter it was always very cold in Canada.
> **Sentia-se** cansado depois da viagem. He felt tired after the journey.
> Ele **tinha** uma constipação quase todos os invernos. He had a cold almost every winter.

ACTIVITY 3

Translate the following sentences using the imperfect tense.

1 He used to sleep all morning.
2 We were fifteen when we lived in Lisbon.
3 You drank quite a lot when you were young. (tu)
4 Where were they going that day?
5 She used to come to the park every Saturday.

Now do activities 4 and 5 on the recording.

E os teus filhos?

(🎧) **ACTIVITY 6** is on the recording.

ACTIVITY 7

To which of the following people do the statements apply?

Carlos / Cristina / Isabel / Noémia / Pedro

1 Tem dez anos.
2 É divorciado.
3 Era muito baixa.

4 É muito aplicado.
5 O seu marido é dentista.
6 Tem oito anos.

DIALOGUE 2

○ Olá! Esta é a tua filha Isabel, não é? Quantos anos tens?
■ Tenho oito anos.
▼ É muito alta. Quando eu tinha a idade dela, era muito baixa.
○ É verdade, Noémia. Eras muito baixa.
▼ E os teus filhos, como estão, Carlos?
○ O Pedro tem dez anos é muito aplicado, mas a Cristina gosta mais de brincar do que de estudar.
▼ Como o pai.
○ E o teu marido? O que faz?
▼ É dentista. E a tua mulher, Carlos?
○ Eu sou divorciado.

VOCABULARY	
o/a filho/a	son/daughter
alto/a	tall, high
baixo/a	small, short
a idade	age
é verdade	it's true
os filhos	children, sons and daughters
aplicado/a	hard-working, earnest
como	like
o pai	father
o marido	husband
a mulher	wife
o/a dentista	dentist
divorciado/a	divorced

✓ *muito* and *-íssimo/a* ('very', 'extremely')

Portuguese has two ways of describing something as 'very' or 'extremely'. The first is to use an adverb, such as **muito** ('very') in front of an adjective or another adverb.

Ele é **muito** traquinas. He is very naughty.
Essa montanha deve ser **muito** alta. That mountain must be very high.
Ela canta **muito** mal. She sings very badly.

The second way is to add **-íssimo/a** on to the end of an adjective. If the adjective ends in a vowel, that vowel is dropped.

A Serra da Estrela é **altíssima**. The Serra da Estrela is extremely high.
A situação é **gravíssima**. The situation is extremely serious.
É um assunto **importantíssimo**. It is an extremely important matter.

This form should be used sparingly – the Portuguese do not put it on the end of every adjective and you should only use it if you have heard it used before. It is safer to use the other method with **muito**.

ACTIVITY 8

Rewrite these sentences using the present continuous form of the infinitives in brackets.

Example: Ele não quer ir televisão (**ver**). *Está a ver televisão.*

1 Ela não pode telefonar-te. (**dormir**)
2 Nós estamos muito ocupados. (**trabalhar**)
3 Eles não podem sair esta noite. (**estudar**)

ACTIVITY 9

Rewrite the following sentences using the imperfect continuous.

1 Nós estamos a aprender cada dia mais Português.
2 Eles estão a pensar o pior.
3 Tu estás a trabalhar melhor do que ele.

 Now do activities 10 and 11 on the recording.

Congratulations!

Parabéns

ACTIVITY 12 is on the recording.

ACTIVITY 13

Complete this written report on senhor Rocha's achievements.

1 Ele é o _____ vendedor da empresa.
2 As suas vendas deste mês são as _____ de sempre.
3 O senhor Rocha quer um _____ de salário.

DIALOGUE 3

○ Parabéns, senhor Rocha! As suas vendas deste mês são óptimas! As melhores da empresa.
■ Muito obrigado.
○ Neste mês, as vendas em Portugal são as mais altas de sempre! Você é o melhor vendedor da empresa!
■ Fico muito satisfeito. Eu . . .
○ Desculpe. Estou? Sim? Sim. Não. Até logo.
■ Como eu estava a dizer…
○ Desculpe. Estou? Sim? Estava então a dizer …
■ Posso fazer uma pergunta?
○ É claro!
■ É sobre o aumento de salário …
○ Bem … Temos de pensar no assunto …

VOCABULARY

parabéns!	congratulations!
a venda	sale
melhor	best
a empresa	company
o/a vendedor/a	salesperson
satisfeito/a	pleased
ter razão	to be right
o aumento	increase, raise
o salário	salary
pensar em	to think about
o assunto	matter

✓ The superlative

To express the superlative in Portuguese, you use **o/a ... mais** ('the most') or **o/a ... menos** ('the least').

Ela é **a** pessoa **mais** arrumada que conheço. She is the tidiest person I know.

Tu és **o** estudante **mais** esperto **da*** aula. You are the cleverest student in the class.

*Note that Portuguese uses **de** here.

✓ Irregular comparatives and superlatives

bom	good	melhor(es)	better	o(s)/a(s) melhor(es)	the best
mau	bad	pior(es)	worse	o(s)/a(s) pior(es)	the worst
grande	big	maior(es)	bigger	o(s)/a(s) maior(es)	the biggest
pequeno	small	menor(es)	smaller	o(s)/a(s) menor(es)	the smallest

✓ *ou ... ou* ('either ...or'), *nem ... nem* ('neither ... nor')

Ou faz calor **ou** faz frio. It's either hot or cold.

Eles **nem** vivem **nem** trabalham aqui. They neither live nor work here.

When **nem ... nem** is used after the verb, **não** goes in front of the verb.

Não quero **nem** café **nem** chá. I don't want either coffee or tea.

✓ The imperfect continuous

You may remember how we used the construction **estou a fazer** ('I am doing') to emphasize a continuous action in the present. This construction can also be used in the past, with **estar** in the imperfect.

Ele **estava** a perder tempo. He was wasting time.

ACTIVITY 14

Practise using superlatives in translating these sentences.

1 She is the best mother in the world.
2 He is the worst lawyer in Pernambuco.
3 They are the lowest prices in Setúbal.
4 He is the most hard-working man I know.
5 You [tu] are the tallest boy in the family.

🎧 Now do activities 15 and 16 on the recording.

The Portuguese-speaking world
O mundo lusófono

No fim do século quinze, Portugal chegou a ser um grande império colonial e os seus navegadores percorreram os quatro cantos do mundo. Por esta razão, a língua dos Portugueses estendeu-se por muitas partes do globo e da mesma maneira a cultura e língua de Portugal foram enriquecidas com aquelas que encontraram lá. Fernão de Magalhães, que deu o seu nome ao famoso estreito, foi o primeiro a circum-navegar o mundo.

Mapa com as rotas de descobrimento de Bartolomeu Dias, Vasco da Gama, Cabral e Magalhães

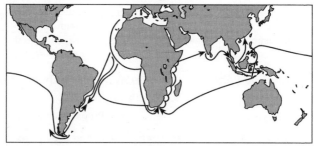

Países onde se fala Português

Como resultado destas viagens, hoje em dia mais de 200 milhões de pessoas falam Português nos seguintes países pelo mundo inteiro:

Portugal (inclui as ilhas da Madeira e dos Açores)

Brasil	Guiné Bissau
Moçambique	São Tomé e Príncipe
Angola	Timor Leste
Cabo Verde	Macau

o fim	end
o século	century
o império	empire
o navegador	navigator
percorrer	to travel to
o canto	corner
a razão	reason
estender-se	to spread
o globo	globe, world

mesmo/a	same
enriquecer	to enrich
o estreito	strait
o descobrimento	discovery
o resultado	result
a viagem	voyage
hoje em dia	nowadays
o país	country
seguinte	following

ACTIVITY 17

You've been given the list of Portuguese-speaking countries, but do you know where they all are? Have a guess, or use an atlas to help you list each country under the correct continent.

1 América do Sul   2 África   3 Europa   4 Ásia

1 Angola	5 East Timor	9 Mozambique
2 Azores	6 Guinea Bissau	10 Portugal
3 Brazil	7 Macao	11 São Tomé e
4 Cape Verde Islands	8 Madeira	Príncipe

ACTIVITY 18

Give the English words which correspond to the following words the Portuguese picked up on their travels.

1 chá
2 bambu
3 bazar
4 quiosque

To help with the rest, just concentrate on the way they sound:

5 laca
6 vinha d'alho (*this you will know as an Indian dish!*)
7 caril (*and this is a spice to make it*)

TACÕES ALTOS
HIGH HEELS

A Sara está num desfile de moda e fala com a sua colega Cláudia.

o desfile de moda	fashion show
o tacão	heel
o sapato	shoe
elegante	elegant
perigoso/a	dangerous
calçar	to put on shoes
fingir	to pretend
crescido/a	grown-up
eu também	me too
o/a polícia	policeman/woman
os avós	grandparents
o/a doente	patient
doente	ill
a passerela	catwalk
pronto/a	ready
cuidado!	watch out!

ACTIVITY 19

Listen to the story again. Do these statements apply to Sara, to Cláudia, or to both?

Quando era pequena, ela ...
1 calçava os sapatos da mãe.
2 queria ser modelo.
3 estava sempre doente.
4 queria ser polícia
5 os pais achavam que devia ser advogada.

ACTIVITY 20

Imagine you're talking to Cláudia about her conversation with Sara. Which questions do you have to ask her to elicit these answers?

1 Sim. Ela acha que os tacões são altíssimos.
2 Não. Ela preferia uns sapatos com tacão baixo.
3 Sim. A Sara é muito alta.
4 Não. Ela queria ser polícia.
5 Não. Estava sempre doente.

STORY TRANSCRIPT

Sara	Os tacões destes sapatos são altíssimos!
Cláudia	É a moda. Os sapatos são muito elegantes, mas muito perigosos.
Sara	Tens razão . . . Eu preferia uns sapatos com tacão baixo. Sou muito alta.
Cláudia	Quando eu era pequena, calçava os sapatos da minha mãe e fingia que era uma senhora crescida.
Sara	Eu também. Adorava calçar sapatos de tacão alto!
Cláudia	Quando eu tinha seis anos, queria ser modelo. Os meus pais achavam que eu devia ser advogada.
Sara	Ah sim? Eu queria ser polícia, mas os meus avós achavam que eu devia ser enfermeira ou médica.
Cláudia	Enfermeira? Médica? Porquê? Gostavas de brincar aos médicos e doentes?
Sara	Não. Estava sempre doente.
Cláudia	Ah!
Sara	É a nossa vez de entrar na passerela. Estás pronta?
Cláudia	Eu estou. E tu?
Sara	Tenho de calçar os sapatos. Que tacões! Altíssimos!
Cláudia	Despacha-te!
Sara	Estou pronta. Vamos?
Cláudia	Cuidado!

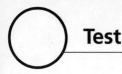

Test

Now it's time to test your progress in Unit 3.

1 Complete the grid with the missing parts of the imperfect tense.

ter	ser	vir
tinha	era	__4__
__1__	eras	vinhas
tinha	era	vinha
__2__	__3__	vínhamos
tinham	eram	__5__

5

2 You are complimenting a friend – complete the descriptions using the construction **o/a mais**.

1 Ele é _____ inteligente.
2 És _____ rapariga _____ elegante que conheço.
3 Acho que és o rapaz _____ traquinas _____ família.
4 Tens _____ tacões _____ altos _____ mundo.
5 Pareces _____ pessoa _____ responsável aqui.
6 O teu casamento vai ser _____ elegante hoje!

6

3 Give the **-íssimo** form of the following adjectives.

1 alto
2 rápido
3 grave
4 importante
5 caro
6 elegante
7 doce
8 obrigado
9 barato
10 interessante

10

4 Complete the following words to do with family relationships.

1 c_ _ a_en_o
2 m_r_ _o
3 m_e
4 fi_ _ a
5 d_v_ _c_ _do

| | 5 |

5 Translate the following comparisons into Portuguese. (2 points for each correct answer, 1 point if you make only one error)

1 João is the best salesman.
2 Carlos is the worst dentist.
3 João is a better husband than Miguel.
4 Susana is a worse mother than Maria.
5 Clara is neither better nor worse than Joana.

| | 10 |

6 Translate the following sentences using the imperfect continuous.
(2 points for each correct answer, 1 point if you make only one error)

Example: I was sleeping. *Estava a dormir.*

1 He was talking to his wife.
2 You were wasting your talents in the sales department. (tu)
3 She was playing with her son.
4 He was sleeping after a good dinner.
5 They were thinking about their daughter.

| | 10 |

TOTAL SCORE | 46 |

If you scored less than 36, go through the dialogues and the Language Building sections again before completing the Summary on page 134.

Summary 9

Now try this final test summarizing the main points covered in this unit. You can check your answers on the recording.

How would you:
1 say that the dinner was delicious?
2 offer your congratulations?
3 refuse a drink by saying 'not now, thank you'?
4 say you used to be a very hard-working person?
5 tell a friend she's the most intelligent person you know?
6 ask who the best dentist is?

REVISION

Before moving on to Unit 10 practise using the imperfect tense by thinking of and writing down some of the things you used to do in the past when you were younger.

Make a list of what were the best and worst moments you remember about the past, and of the people that you either loved or disliked, describing their best and worst qualities by using the superlative and adjectives with **muito** or the **-íssimo** ending.

Health and fitness
A saúde e a boa forma

> **OBJECTIVES**
>
> In this unit you'll learn how to:
> - ✓ refer to parts of the body
> - ✓ say how you feel
> - ✓ say where it hurts
> - ✓ describe what happened
> - ✓ understand advice and give instructions
>
> And cover the following grammar and language:
> - ✓ the preterite tense
> - ✓ **ter de** / **ter que** in instructions
> - ✓ **deixar de** ('to stop')
> - ✓ **dever** to express an obligation
> - ✓ irregular preterites: **ter**, **estar**, **dizer**
> - ✓ expressions with **ter**

LEARNING PORTUGUESE 10

Although speaking and listening is very important, don't forget that writing in Portuguese can also be of use. The activities in this book provide plenty of written practice, but you may also find it helpful to write your own sentences, even keep a simple diary, using the Portuguese you already know. Writing is a good consolidation exercise, since you can take your time to consider what you want to say. Start off simply, concentrating on verb endings and choosing appropriate vocabulary. Think about gender and number agreement. Use your dictionary to look up any words you don't know. As you learn more vocabulary and grammar your writing will become more fluent.

🎧 Now start the recording for Unit 10.

I don't feel too well

Não me sinto muito bem

ACTIVITY 1 is on the recording.

ACTIVITY 2

When did the patient feel these symptoms?

1 ter febre
2 ter dor de cabeça
3 ter dor de garganta
4 ter dor de ouvidos
5 ter dor de estômago

yesterday	yesterday & today	not at all

DIALOGUE 1

○ Não me sinto muito bem, senhor doutor.
■ Então qual é o problema?
○ Dói-me a cabeça, dói-me a garganta, doem-me os ouvidos … Ontem não consegui dormir com as dores.
■ Tem febre?
○ Bem … Hoje não, mas ontem tive!
■ E dói-lhe o estômago?
○ Não, mas ontem à noite senti falta de ar.
■ Bom, vou receitar-lhe um analgésico. Descanse muito.
○ Senhor doutor, é grave?
■ Não, o senhor tem uma gripe.

VOCABULARY

senhor/a doutor/a	doctor [*when addressing directly*]
doer	to hurt, to ache
a cabeça	head
a garganta	throat
o ouvido	ear
conseguir	to manage to
a dor	pain
a febre	temperature, fever
o estômago	stomach
receitar	to prescribe
o analgésico	painkiller
grave	serious
a gripe	flu

⊘ The preterite tense

	falar	comer	partir
(eu)	falei	comi	parti
(tu)	falaste	comeste	partiste
(ele/ela; você)	falou	comeu	partiu
(nós)	falámos	comemos	partimos
(eles/elas; vocês)	falaram	comeram	partiram

The preterite tense is used to describe a single completed event or action which took place in the past. The preterite tense in Portuguese can be translated in two ways in English: 'I have done' and 'I did'.

O médico **receitou** analgésicos? Has the doctor prescribed painkillers?
Partiram ontem para o Brasil. They left for Brazil yesterday.
Ele **nasceu** em 1654. He was born in 1654.

⊘ Dói-me …

To say that a part of your body hurts, you use **dói-me**.

Dói-me o **peito**. My chest hurts.

me is an indirect object pronoun. To say that someone else has a pain, you use exactly the same verb, but the pronoun changes.

Dói-te o pé? Does your foot hurt?
Dói-lhe o dedo. His finger hurts.

If you're talking about more than one thing (for example, feet or teeth), the verb changes to **doem** (plus the appropriate indirect pronoun).

Doem-lhe os **braços**. His arms are aching.

You can avoid this construction by using **ter dor de** ('to have a pain in').

Tenho dor de ouvidos. I have earache.

ACTIVITY 3

Translate the following sentences, first using **doer** and then using **ter dor de**.

1 I have earache.
2 My stomach hurts.
3 She has a headache.
4 I have a sore throat.

🎧 Now do activities 4 and 5 on the recording.

10.2 What did the doctor say?

O que disse o médico?

ACTIVITY 6 is on the recording.

ACTIVITY 7

All of these statements are false. Correct them.

1 Ela tem de tomar um comprimido quatro vezes por dia.
2 Ela pode conduzir, mas não deve tomar bebidas alcoólicas.
3 Os comprimidos são analgésicos.
4 Ela vai telefonar ao farmacêutico.
5 O médico está no hospital.

DIALOGUE 2

○ Então o que disse o médico?
■ Disse que tenho de descansar muito e de tomar estes comprimidos.
○ 'Tome um comprimido três vezes por dia, às refeições. Não deve conduzir. Não deve tomar bebidas alcoólicas.'
■ Quantos dias tenho de tomar os antibióticos?
○ O que disse o médico?
■ Não disse quantos dias tinha de os tomar.
○ Então, eu vou à farmácia perguntar a opinião ao farmacêutico. Ele deve saber.
■ Achas? Não devíamos telefonar ao médico?
○ Talvez. Achas que ele está no consultório?
■ Talvez. Ou no hospital. Vou telefonar-lhe para o consultório.
■ Estou? Bom dia. Eu queria fazer-lhe uma pergunta. Quantos dias devo tomar os comprimidos?

VOCABULARY	
o comprimido	pill
por dia	a day, per day
a refeição	meal
dever	to have to
conduzir	to drive
o antibiótico	antibiotic
o/a farmacêutico/a	pharmacist
talvez	maybe
o consultório	surgery, doctor's practice
o hospital	hospital

✅ Expressing instructions and obligations

You've already come across **ter de / ter que** to express an obligation (see page 00), i.e. 'what you have to do'. The verb **dever** is also used in Portuguese to express an obligation, i.e. 'what you must do or ought to do'.

Não **devo** conduzir. I mustn't drive.
Devíamos telefonar para o hospital. We ought to phone the hospital.

It can also express what should be the case or what is likely.

Ele **devia** saber – é médico! He ought to know – he's a doctor!
Deve ser amanhã que ela chega. It must be tomorrow that she's arriving.

✅ Irregular preterites (1)

	ter	estar	dizer
(eu)	tive	estive	disse
(tu)	tiveste	estiveste	disseste
(ele/ela; você)	teve	esteve	disse
(nós)	tivemos	estivemos	dissemos
(eles/elas; vocês)	tiveram	estiveram	disseram

ACTIVITY 8

Translate these phrases using **ter de / ter que** or **dever**, as appropriate.

1 You (tu) ought to know – you are her husband!
2 You (você) have to take three pills every two hours.
3 You (tu) have to phone Maria, she is in hospital.
4 You (tu) ought not to drive – you've already drunk two whiskies!

ACTIVITY 9

Complete the sentences with the correct preterite form of the verbs in brackets. Note that they are all irregular.

1 Ontem tu _____ que estavas doente. (dizer)
2 Na semana passada nós _____ em casa do Carlos. (estar)
3 Eles _____ de pensar muito no assunto. (ter)
4 Ele _____ uma carta da clínica. (ter)

🎧 Now do activities 10 and 11 on the recording.

10.3 In good shape

Em forma

ACTIVITY 12 is on the recording.

ACTIVITY 13

You have to report to the gym trainer what Patrícia has been telling Manuela. Complete the sentences in this report.

A Patrícia sente-se (1) _____ e tem (2) _____ por todo o corpo. Não está a (3) _____ , porque quando sai do (4) _____ vai sempre à pastelaria comer uns (5) _____ O exercício dá-lhe (6) _____ . Ela está a pensar em (7) _____ de fazer exercício.

DIALOGUE 3

○ Um, dois. Um, dois …
■ Estas aulas de aeróbica! Sinto-me cansada.
▼ Mas não te sentes em forma, Manuela?
■ Em forma!? Francamente, não. Dói-me o corpo.
▼ Mas estás a emagrecer?
■ Quando saio do ginásio vou sempre à pastelaria comer uns bolos. O exercício dá-me fome!
▼ Ah! Não devias . . .
■ Francamente, acho que vou deixar de fazer exercício.
▼ Não desistas! Não deixes de fazer exercício!
■ Convenceste-me. Não vou desistir. Queres vir tomar um café e comer um bolo?

VOCABULARY

a aula	class
a aeróbica	aerobics
em forma	fit, in good shape
o corpo	body
emagrecer	to lose weight
o exercício (físico)	(physical) exercise
dar fome	to make hungry
deixar de	to stop, to give up
não deixes de	make sure you, don't fail to
desistir	to give up
convencer	to convince

✓ *deixar de* ('to stop', 'to leave off', 'to make sure')

The verb **deixar** normally means 'to leave' or 'let go'.

> **Deixe** o remédio no armário. Leave the medicine in the cabinet.

When followed by **de** + infinitive it means 'to leave off doing', 'to stop'.

> **Deixe de brincar** comigo! Stop playing games with me!

In the negative it means 'make sure'.

> **Não deixes** de me informar! Make sure you let me know!

✓ More idioms with the verb *ter*

ter often replaces the verb 'to be' when describing physical states.

Tenho frio.	I'm cold.
Tenho calor.	I'm hot.
Tenho fome.	I'm hungry.
Tenho sede.	I'm thirsty.
Tenho sono.	I'm sleepy.
Tenho febre.	I'm feverish. / I have a temperature.
Tenho dores.	I'm aching. / It hurts.

ter also replaces the verb 'to be' when expressing age.

> **Tenho** vinte e seis anos. I am 26 (years old).

It is also used in many other idiomatic expressions:

Tens razão.	You're right.
Tenho a certeza.	I'm sure.
Tenho pressa.	I'm in a hurry.
Não tem de quê!	Don't mention it! / it's no bother!

ACTIVITY 14

Translate the following sentences into English to show the differences in the use of **deixar de**.

1 Ela nunca deixa de fazer exercício.
2 Deixa de ir ao ginásio, não precisas de emagrecer!
3 Ele deixou de tomar o remédio e ficou ainda mais doente.
4 Não deixes de telefonar para a clínica.

 Now do activities 15 and 16 on the recording.

10.4 Sports and leisure
Desportos e lazer

ACTIVITY 17

Below is a list of sports and leisure activities in the left column, and the places where they are practised in the column on the right. Match them up. (More than one sport can be practised in some of the places.)

See if you can guess the sports you don't know. Use a dictionary if you can't work out what they all are.

1 o montanhismo	a o ginásio
2 a natação	b a piscina
3 o culturismo	c a montanha
4 o esqui	d o mar
5 a vela	
6 a pesca	
7 a aeróbica	

ACTIVITY 18

Below are four suggestions to improve your well being. Which of them would ideally suit those wishing to:

a lose weight?   c have a detox?
b increase their stamina?   d combat stress?

1
Termas de S. José

Sente-se arrasado?
Quer deixar de sentir stress?

Venha experimentar a nossa cura de águas minerais!

Com exercício físico moderado e passeios guiados no Parque Natural,

vai sentir-se desintoxicado e pronto para regressar ao trabalho.

2
Centro Oriental de Ioga

professora qualificada
ambiente calmo
meditação e exercícios espirituais

142

3

Clube de Montanhismo
Serra da Estrela

O nosso clube de montanhismo
organiza sessões de montanhismo
nas montanhas mais altas de
Portugal.
Para quem gosta de desafios e quer
manter-se em forma.

4

GINÁSIO UM-DOIS
• • • • • • • • • • • • • • • •

Quer perder peso sem fazer dieta?
Quer sentir-se em forma? É fácil!
Com duas horas de aeróbica por
semana, vai emagrecer
e sentir-se em óptima forma!
Venha ver como é fácil e
divertido!

as termas	spa
a cura de águas	water treatment, water cure
o passeio	ramble, stroll
guiado/a	guided
o Parque Natural	nature reserve
desintoxicado/a	detoxified, cleansed
qualificado/a	qualified
calmo/a	calm
a meditação	meditation
espiritual	spiritual
organizar	to organize
o desafio	challenge
manter-se	to keep, to maintain (oneself)

ACTIVITY 19

In this word search you will find the name of ten sports
and leisure activities. Most have already been mentioned;
the rest are easy to guess.

R	T	P	E	T	V	E	L	A	M	O
A	É	E	P	A	S	S	E	I	O	S
S	N	S	O	F	E	Q	I	Z	N	E
T	I	C	S	F	L	U	N	X	T	A
O	S	A	T	U	H	I	I	M	A	X
R	A	A	I	T	A	T	O	B	N	Z
N	T	I	N	E	C	A	G	N	H	S
A	E	R	Ó	B	I	C	A	M	I	D
D	F	O	L	O	T	A	Q	S	S	V
O	A	G	H	L	S	N	N	F	M	A
A	S	N	A	T	A	Ç	Ã	O	O	G

10.5 A história modelo

NO HOSPITAL
IN HOSPITAL

A Sara está no hospital com a sua colega Cláudia. Partiu o tornozelo.

de repente	all of a sudden, suddenly
cair	to fall
causar	to cause
a coluna	spine
estar na moda	to be fashionable, in fashion
o ano	year
agora	now
compreender	to understand
engessar	to put a plaster cast on
o tornozelo	ankle
a fractura	fracture, broken bone
o anti-inflamatório	anti-inflammatory
acontecer	to happen
aqui	here
a Urgência	Accident and Emergency

ACTIVITY 20

Listen to the story again. **Verdadeiro ou falso?** Correct the statements which are false.

1	A Sara está no consultório do médico.	V / F
2	Ela partiu o braço.	V / F
3	O médico vai engessar-lhe o tornozelo.	V / F
4	Ela não quer ir às aulas de aeróbica amanhã.	V / F
5	Ela vai ter dores.	V / F
6	O médico vai receitar-lhe um antibiótico.	V / F
7	O médico só pensa na moda.	V / F

ACTIVITY 21

Imagine that you are Sara and have to answer your boyfriend's questions. Keep your responses as brief as possible: just repeat the verb of the question, making the necessary changes.

1 Calçaste sapatos de tacão alto?

_____

2 Caíste?

_____

3 O médico engessou-te o tornozelo?

_____

4 Tiveste dores?

_____

5 Tomaste analgésicos?

_____

6 O Rodrigo visitou-te?

_____

STORY TRANSCRIPT

Médico	Então qual é o problema?
Sara	Eu calcei uns sapatos de tacão alto e, de repente, caí!
Médico	Não devia usar sapatos de tacão alto! Os sapatos de tacão alto causam problemas da coluna.
Sara	Eu sei, eu sei! Mas …
Médico	As senhoras só pensam na moda, não pensam na saúde.
Sara	Senhor doutor …
Cláudia	Senhor doutor, nós somos modelos. A minha amiga calçou sapatos de tacão alto porque tínhamos um desfile de moda. Os sapatos de tacão alto estão na moda este ano …
Médico	Ah! Agora compreendo. É a moda! Bom, vai ter de descansar muito e eu vou ter de lhe engessar o tornozelo.
Sara	Então não posso ir às aulas de aeróbica amanhã?
Médico	Aulas de aeróbica? Com uma fractura do tornozelo?!
Sara	E vou ter dores?
Médico	Vai. Vou receitar-lhe um anti-inflamatório e um analgésico.
Rodrigo	Sara, o que aconteceu? Por que estás aqui na Urgência?
Sara	Adivinha!

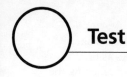

Test

Now it's time to test your progress in Unit 10.

1 Match the words for parts of the body.

1	peito	a	arm
2	cabeça	b	ankle
3	mão	c	head
4	ouvidos	d	chest
5	garganta	e	spine
6	tornozelo	f	teeth
7	coluna	g	throat
8	braço	h	ears
9	estômago	i	hand
10	dentes	j	stomach

10

2 Supply the questions to the following answers in Portuguese.
(2 points for each correct answer, 1 point if you make only one error)

1 O médico disse que tens de descansar muito.
2 Que tens de tomar os comprimidos todos os dias.
3 São antibióticos.
4 Não, não devias telefonar ao médico – ele deve estar muito ocupado.
5 Não, acho que está no hospital.

10

3 Fill in the forms of the preterite tense missing in the grid.

falar	beber	partir	ter	estar	dizer
falei	_3_	parti	tive	estive	disse
_1_	bebeste	partiste	tiveste	_8_	disseste
_2_	_4_	_5_	_6_	esteve	disse
falámos	bebemos	partimos	tivemos	_9_	_10_
falaram	beberam	partiram	_7_	estiveram	disseram

10

4 Complete the following words to do with sport and fitness.

1 e_q_i
2 v_ _a
3 _o_a
4 pe_c_
5 a_ _ó_i_a
6 na_a_ão
7 e_er_í_io
8 mo_ _an_i_mo
9 fo_ _a
10 e_ag_e_er

5 Rewrite the following sentences in the past by replacing the underlined verbs with the preterite form.

1 O médico <u>tem</u> muito a fazer no consultório.
2 Eles <u>precisam</u> de emagrecer.
3 Ela <u>sente-se</u> enjoada e com dores de estômago.
4 <u>Regressamos</u> à clínica todos os anos.
5 <u>Sinto</u> falta de ar.
6 Eu <u>gosto</u> das montanhas.
7 Eu <u>tenho</u> muita febre.
8 O que <u>acontece</u> com o tornozelo da Sara?
9 O exercício sempre me <u>deixa</u> arrasado.
10 Não me <u>convences</u>.

TOTAL SCORE 50

If you scored less than 40, go through the dialogues and the Language Building sections again before completing the Summary on page 148.

Summary 10

Now try this final test summarizing the main points covered in this unit. You can check your answers on the recording.

How would you:
1 ask a patient how she feels?
2 ask where it hurts?
3 say you have a headache?
4 tell a friend he should take the tablets every day?
5 say 'you ought to do lots of exercise'?
6 tell someone not to stop taking the medicine?

REVISION

Before doing Review 3, revise Units 8 and 9. Then go over the new elements contained in this unit, especially the formation of the preterite tense.

Draw a rough sketch of the human body, marking the parts for which you already know the words and using the dictionary to find the names of others. Then imagine you are ill and think how you'd say how each part of you hurts.

Continue this roleplay by imagining how you would try and get fitter and the different activities, sports, and hobbies you would choose. Again, practise using the dictionary by finding out the words for your own favourite activities and pastimes.

Review 3

1 Complete the sentences with the appropriate part of the body.

> **a garganta   os ouvidos   o estômago   a cabeça**

1 Bebi muito uísque e agora dói-me _____ .
2 Não sei o que estás a dizer-me, porque me doem _____ .
3 Dói-me _____ porque estive a tossir todo o dia.
4 Comi todos os pastéis de nata. Por isso, dói-me _____ .

2 Unscramble these words to reveal different kinds of sport.

1 taçanão   4 caspe
2 quesi   5 elva
3 tanhismonmo

3 The following expressions have been split into their verbs and nouns. Try matching them up again to make sense.

1 passar   a exercício
2 enviar   b uma conta
3 pagar   c a certeza
4 fazer   d um cheque
5 ter   e uma carta

4 Can you remember the following set expressions? Match them up with the English:

1 que pena!   a by post
2 em (boa) forma   b seriously
3 cuidado!   c what a pity!
4 pelo contrário   d congratulations!
5 quase nunca   e watch out!
6 pelo correio   f on the contrary
7 a sério   g all of a sudden
8 de repente   h hardly ever
9 parabéns!   i in good shape

149

5 Fill in the gaps in each column with the appropriate form of the verb for the past tense shown.

pagar	comprar	ter	perder	sentir
pagava	comprei	tinha	perdi	9
1	compraste	tinhas	7	sentiste
pagava	3	tinha	8	10
2	4	5	perdemos	sentimos
pagavam	compraram	6	perderam	sentiram

6 Translate the following sentences into Portuguese.

1 Twenty years ago I was five years old.
2 He is the best doctor.
3 I would like a stamp for Brazil.
4 You must not drink and drive.
5 Could I speak to Dr Pires, please?

7 Put the underlined verbs in these sentences into the future tense, making sure you have the correct ending for the person involved.

1 Pago a conta da electricidade todos os meses.
2 Tens de aguardar um pouco mais.
3 Agradecem os vossos conselhos.
4 Vão de férias em Agosto.
5 Precisas de um cartão de crédito?
6 Ele é um rapaz muito traquinas!

8 Replace the following underlined expressions using **muito** with the corresponding **-íssimo** adjective form, making sure they agree in number and gender.

1 Ela é muito alta.
2 Ele gosta de correr - vai muito rápido.
3 Agradeço os teus conselhos, Marcos - muito obrigada!
4 Este uísque é muito forte!
5 Esse pudim flã é muito doce.
6 O livro que comprei na livraria foi muito barato.
7 A fractura que tens no braço é muito grave.
8 Elas sempre se sentem muito cansadas depois da aeróbica.

LISTENING

9 Listen to the horoscopes for people whose signs are Leo and Libra. Tick the grid below to show what is predicted for each sign.

	Leo	Libra
a journey		
an important meeting		
promise of money		
a holiday		
a setback		
romance		
be careful!		

10 Listen to the interviews between a policeman and three witnesses to an incident. Which of the following statements the policeman took correspond with the dialogue you hear?

Witness 1
a He was on the corner of the street by the post office.
b He saw a man come out of the bank and a woman broke his arm.
c She was rather short.

Witness 2
d She was having coffee and a cake in the cake shop.
e She saw a young lad come out of the bank and hit a woman.
f The woman was very short.

Witness 3
g She was talking with her boyfriend outside the Post Office.
h She saw an old lady come out of the bank and fall.
i A tall girl helped her up and she thanked her.

11 Listen to the news broadcast and then fill in the grid giving details of the events that occurred.

	Who?	Where?	When?
London			
Lisbon			
Paris			
Madrid			
Luanda			

12 You are talking to your doctor and discussing some general health problems. Prepare the questions in the book first and then join in the dialogue on the recording. Try to do it without looking at your notes.

Médico   Bom dia! Como se sente?
You   Say your stomach aches.

Médico   Comeu muita fruta ontem?
You   Say no, you ate fish and potatoes.

Médico   Dói-lhe a cabeça também?
You   Say no, but your throat is sore.

Médico   Doem-lhe os ouvidos?
You   Say yes, very much.

Médico   Deve ser uma constipação. Quer tomar um comprimido?
You   Say no, you'd like to stay in bed with a hot drink.

13 You are a famous artist being interviewed by a reporter who asks the following questions about your past life and your plans for the future. Prepare what you're going to say first and then join in the dialogue on the recording. Try to do it without looking at your notes.

Reporter   Quantos anos tinha quando começou como artista?
You   Say you were eighteen.

Reporter   E onde vivia?
You   Say you lived in Oporto with your mother who was divorced.

Reporter   Gostava da vida ali?
You   Say yes, but you wanted to see the world.

Reporter   Agora que todo o mundo a conhece, o que tenciona fazer?
You   Say you'd like to open a yoga centre.

11

All in the past
Tudo no passado

OBJECTIVES

In this unit you'll learn how to:

- ✓ talk about past experiences
- ✓ express emotions such as surprise
- ✓ talk about family and friends
- ✓ talk about dates and length of time

And cover the following grammar and language:

- ✓ object pronouns: combined forms
- ✓ the position of object pronouns
- ✓ the preterite of irregular verbs: **ir**, **ser**, **fazer**, **vir**, **dar**
- ✓ dates: years, months, and days
- ✓ the imperfect and the preterite: consolidation of usage
- ✓ **durante** ('for') to talk about the past

LEARNING PORTUGUESE 11

Dictionaries are not only useful for looking up any unknown word you may come across: they can also be used to actively search for lists of similar words (e.g. based upon a topic area). They should also tell you a lot about how and when to use each word and in which context. Quite a lot of grammar help is also included in most modern dictionaries. So finding a dictionary you feel confident with and which explains the various uses you can put it to is very important.

 Now start the recording for Unit 11.

11.1 The family

A família

🎧 **ACTIVITY 1** is on the recording.

ACTIVITY 2

Indicate the relationships between these pairs.

Example: Zélia / Eva
      sobrinha / tia

1 senhor Rodrigues / Artur   5 Artur / Zélia
2 Ricardo / Zélia   6 Zélia / Rosa
3 Rosa / Artur
4 Eva / senhor Rodrigues

DIALOGUE 1

○ E os teus pais, como estão, Zélia?

■ Bem, obrigada. O meu pai reformou-se há cinco anos …

○ Há cinco anos? O senhor Rodrigues reformou-se há cinco anos?! Ele já tem setenta anos?!

■ É verdade. E o meu sobrinho Artur já tem dezoito anos. Ele foi hoje para o Algarve com os meus pais e a mãe dele, a minha irmã Rosa.

○ Foram de férias?

■ Não. Os avós, a filha e o neto foram visitar o meu tio Ricardo e a mulher dele, a tia Eva.

○ Lembro-me da tua tia, mas não me lembro do teu tio.

■ Não? Ele é irmão da minha mãe.

VOCABULARY	
os pais	parents
reformar-se	to retire
já	already
o/a sobrinho/a	nephew/niece
o irmão/a irmã	brother/sister
o avô/a avó	grandfather/grandmother
os avós	grandparents
o/a neto/a	grandson/granddaughter
o/a tio/a	uncle/aunt
lembrar-se	to remember

✅ Direct and indirect object pronouns: combined forms

When the direct and indirect pronouns are used in the same sentence, the two pronouns often merge to form one word. Note that the indirect pronoun comes before the direct pronoun.

me + o/a/os/as → **mo/ma/mos/mas**	= it/them to me
te + o/a/os/as → **to/ta/tos/tas**	= it/them to you
lhe+ o/a/os/as → **lho/lha/lhos/lhas**	= it/them to him/her/you
nos + o/a/os/as → **no-lo/no-la/no-los/no-las**	= it/them to us
vos + o/a/os/as →**vo-lo/vo-la/vo-los/vo-las**	= it/ them to you
lhes+ o/a/os/as → **lho/lha/lhos/lhas**	= it/ them to them/you

If the combined pronoun comes after a verb, it is linked by a hyphen.

Ele oferece o presente à amiga. Ele oferece-**lho**. He offers the present to his girlfriend. He offers it to her.

✅ The position of object pronouns

Pronouns generally come after the verb, but there are some situations in which they go in front. These include (a) after interrogative words and (b) after negatives.

(a) **Quando o** fez? When did you do it?

(b) **Não te** compreendo. I don't understand you.

✅ Irregular preterites: *ir, ser, fazer*

	ir	ser	fazer
(eu)	**fui**	**fui**	**fiz**
(tu)	**foste**	**foste**	**fizeste**
(ele/ela; você)	**foi**	**foi**	**fez**
(nós)	**fomos**	**fomos**	**fizemos**
(eles/elas; vocês)	**foram**	**foram**	**fizeram**

ACTIVITY 3

Make the following sentences negative, putting the pronouns in the correct position.

1 Lembro-me do tio Carlos.
2 Dói-lhe a cabeça.
3 Disse-lhe tudo.
4 Dou-to amanhã.
5 Visitei-o quando estive em Lisboa.

 Now do activities 4 and 5 on the recording.

11.2 Who are they?

Quem são?

ACTIVITY 6 is on the recording.

ACTIVITY 7

Which of these personalities match the descriptions?

1 Pope John Paul II   5 Idi Amin
2 Columbus   6 Margaret Thatcher
3 Lech Walesa   7 Nelson Mandela
4 Mother Teresa   8 Vasco da Gama

DIALOGUE 2

○ Têm vinte segundos para adivinhar quem são estas personalidades. Conseguem responder correctamente?

1 A nossa primeira personalidade nasceu na Polónia, em 1920. Em 1978, foi viver para o Vaticano. Desde 1978, tem viajado muito.

2 A segunda personalidade nasceu em 1469. De 1497 a 1498 viajou por mar até à Índia. Em 1524, tornou-se vice-rei da Índia.

3 A terceira personalidade nasceu no Transkei, em 1918. Esteve na prisão durante vinte e seis anos.

4 A nossa quarta personalidade nasceu em 1925. Estudou Química. Casou em 1951. Foi chefe de governo.

VOCABULARY	
a personalidade	personality
correctamente	correctly
a Polónia	Poland
o Vaticano	Vatican
viajar	to travel
por mar	by sea
a Índia	India
o vice-rei	viceroy
a prisão	prison
durante	during
casar (com)	to marry, to get married (to)
estudar	to study
a Química	chemistry
o/a chefe de governo	head of government

✓ Irregular preterites: *vir, dar*

	vir	dar
(eu)	vim	dei
(tu)	vieste	deste
(ele/ela; você)	veio	deu
(nós)	viemos	demos
(eles/elas; vocês)	vieram	deram

✓ Dates (1)

To give a year, you combine the numbers you learnt previously using the general formula thousands + hundreds + **e** + tens + **e** + units.

1999	mil novecentos e noventa e nove
1710	mil setecentos e dez
2001	dois mil e um

At the turn of the centuries **e** is added between the thousands and hundreds.

| 1600 | mil **e** seiscentos |

Janeiro	January	**Maio**	May	**Setembro**	September
Fevereiro	February	**Junho**	June	**Outubro**	October
Março	March	**Julho**	July	**Novembro**	November
Abril	April	**Agosto**	August	**Dezembro**	December

You use **em** to express the year or month in which something happened.

Ela nasceu **em** 1972. She was born in 1972.
Em Novembro vai para Angola. He is off to Angola in November.

ACTIVITY 8

Give the following years in Portuguese.

1 2002   2 1990   3 1800   4 1974

ACTIVITY 9

Translate the following sentences into Portuguese, writing out the years in full.

1 I left Lisbon in June 1961.
2 He was born in 1949.
3 I'll go to Brazil in September.
4 He'll be 50 in October 2006.

🎧 Now do activities 10 and 11 on the recording.

Os bons velhos tempos!

ACTIVITY 12 is on the recording.

ACTIVITY 13

There are five errors in this summary of Dialogue 3. Can you spot them and correct them?

Quando estava a estudar em Coimbra, vivia em casa dos pais e não tinha amigos. Começou a interessar-se pela política em 1975, 1976. Tinha um professor que era um político famoso. Esteve indeciso durante muito tempo.

DIALOGUE 3

○ Quando estava a estudar em Coimbra, vivia numa 'república'?

■ Vivia. Ah, os bons velhos tempos! Gostei muito! Tinha muitos amigos, aprendi muito …

○ E quando se começou a interessar pela política?

■ Bem, foi quando estava a estudar em Coimbra, no último ano, em 1973. Um professor apresentou-me um político famoso. Ele apresentou-mo, eu fui a reuniões políticas …

○ Começou a interessar-se pela política partidária em 1975.

■ Bem, eu estive indeciso durante muito tempo. Mas, por fim, decidi aceitar o desafio. O país precisa de mim!

○ Muito obrigada, senhor ministro.

VOCABULARY	
a 'república'	*student lodgings in Coimbra*
os bons velhos tempos	the good old days
aprender	to learn
interessar-se por	to become interested in
a política	politics
o/a político/a	politician
famoso/a	famous
político/a	political
a política partidária	party politics
indeciso/a	undecided
o desafio	challenge
aceitar	to accept

✓ Imperfect or preterite?

When referring to the past, you need to distinguish between actions which continued for some time, or were repeated (*imperfect*) and events which happened within a particular period (*preterite*). A good example of the difference can be found in sentences where an ongoing action is suddenly interrupted by another event.

Quando ele me **telefonou**, eu **lia** o jornal. When he rang me, I was reading the paper.
Quando **vi** o Pedro, ele **falava** com a Ana. When I saw Pedro, he was talking to Ana. [You might also hear: Quando vi o Pedro, ele **estava a falar** com a Ana.]

✓ Responding to questions

Instead of using **sim** and **não** to respond, the Portuguese often 'echo' the verb used in the question.

Gostas de chocolate? **Gosto.** Do you like chocolate? Yes, I do.

✓ Dates (2)

Cardinal numbers are used for days of the month.

no dia **dois** de Junho	on the 2nd of June
no dia **quinze** de Outubro	on the 15th of October
no dia **um** de Janeiro	on the 1st of January

✓ More time expressions: *durante*

As explained on page 00, **há** is used with the present tense to refer to a situation in the past that still continues. It means 'for' in the sense of 'since'.

Há cinco dias que não o vejo. I have not seen him for 5 days./It is 5 days **since** I saw him.

durante is used to mean 'for' in the sense of 'during'.

Viajou por Portugal **durante** três semanas. He travelled in Portugal for three weeks.

ACTIVITY 14

Give the following dates in Portuguese.

1 On the 4th of July.
2 On the 22nd of October.
3 On the 25th of December.
4 On the 1st of November.

 Now do activities 15 and 16 on the recording.

11.4 For sale, to let
Venda, aluguer

ACTIVITY 17

You're thinking of buying a property on the outskirts of Lisbon. Read the newspaper advertisements, and then fill in the following chart to help you decide.

	quatros	garagem	jardim	piscina
moradia 1				
moradia 2				
moradia 3				

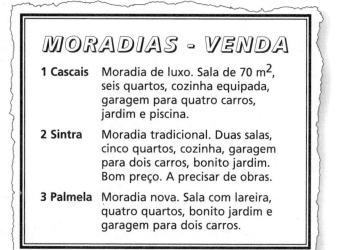

MORADIAS - VENDA

1 Cascais Moradia de luxo. Sala de 70 m², seis quartos, cozinha equipada, garagem para quatro carros, jardim e piscina.

2 Sintra Moradia tradicional. Duas salas, cinco quartos, cozinha, garagem para dois carros, bonito jardim. Bom preço. A precisar de obras.

3 Palmela Moradia nova. Sala com lareira, quatro quartos, bonito jardim e garagem para dois carros.

a moradia	detached house
de luxo	luxury
a sala	living room
o quarto (de dormir)	bedroom
a cozinha	kitchen
equipada/o	fitted, fully equipped
a garagem	garage
o jardim	garden
o preço	price
precisar de	to be in need of
as obras	repair work
novo/a	new
a lareira	fireplace

CULTURE

ACTIVITY 18

Below are some adverts for holiday lets. Read them and decide on the most suitable let for each of the following:

1 a family of four who want to spend the summer in the Algarve
2 two couples on a beach holiday
3 a businessman who spends part of the week in the Algarve on business

APARTAMENTOS MOBILADOS - ALUGUER

ALGARVE

Praia da Rocha - T3 com bonita sala, duas varandas, lugar de garagem. A 50 metros da praia.

Loulé - T4. Sala de 50 m^2, cozinha equipada, boas áreas.

Faro - T1 a dez minutos do aeroporto. Boas áreas, cozinha equipada, lugar de garagem.

o apartamento	flat
mobilado/a	furnished
o aluguer	lettings
T1/2/3/ etc.	= *number of bedrooms*
a varanda	balcony
a área	area; size of rooms

ACTIVITY 19

In this word search there are eleven words to do with buying or renting houses. See if you can find them. All appear in the adverts below.

L	F	N	S	C	G	B	R	A	T	C
A	P	A	R	T	A	M	E	N	T	O
R	Q	J	C	V	R	K	N	U	L	Z
E	I	S	Q	U	A	R	T	O	F	I
I	M	X	C	D	G	V	D	S	M	N
R	O	L	T	V	E	N	D	A	C	H
A	R	E	A	A	M	S	A	L	A	A
J	A	N	D	A	R	E	P	A	L	G
H	D	F	P	I	S	C	I	N	A	L
O	I	P	U	L	J	A	R	D	I	M
R	A	A	L	U	G	U	E	R	H	S

O MEU FILHO ...
MY SON ...

O Rodrigo está a falar com a dona Rosa sobre o seu filho.
Mas a dona Rosa quer falar sobre o seu sobrinho ...

preocupado/a	worried
velho/a	old
o convite	invitation
a medicina	medicine
andar em	to attend [*school, university*]
a nota	mark, result
alto/a	high
a tradição	tradition
a Queima das Fitas	student rag week
a organização	organization
internacional	international
(não) ter importância	(not) to be important

ACTIVITY 20

Listen to the story again and complete the sentences.

1 O filho mais velho do Rodrigo vai estudar
   a Medicina em Coimbra.   **b** Química em Lisboa.
   c Medicina em Lisboa.   **d** Química em Coimbra.

2 O filho mais velho do Rodrigo
   a está preocupado.   **b** adora Coimbra.
   c está doente.   **d** está indeciso.

3 O sobrinho da dona Rosa estudou
   a Medicina em Coimbra.   **b** Química em Lisboa.
   c Medicina em Lisboa.   **d** Química em Coimbra.

4 O sobrinho da dona Rosa trabalha
   a em Coimbra   **b** para uma organização internacional
   c numa universidade   **d** em Lisboa

5 O Rodrigo
   a conhece o sobrinho da dona Rosa.
   b vai apresentar o seu filho mais velho ao sobrinho da
   dona Rosa.
   c não conhece o sobrinho da dona Rosa.
   d vai apresentar o seu filho mais velho à dona Rosa.

ACTIVITY 21

Imagine that you are Rodrigo and have to answer Sara's questions about dona Rosa's nephew.

1 Como se chama o sobrinho da dona Rosa?
2 Onde estudou?
3 Estudou química?
4 Ele teve notas altas?
5 Tu conheces o sobrinho da dona Rosa?

STORY TRANSCRIPT

Rodrigo	Bom dia, dona Rosa!
Dona Rosa	Bom dia, senhor Rodrigo. Como está?
Rodrigo	Bem, obrigado. Mas estou muito preocupado.
Dona Rosa	Ah sim? Por quê?
Rodrigo	É o meu filho mais velho ...
Dona Rosa	Está doente?
Rodrigo	Não, não, está indeciso. Ele vai estudar química para a Universidade de Lisboa, mas também recebeu um convite ...
Dona Rosa	Muitos parabéns! O meu sobrinho João estudou medicina em Coimbra. Gostou muito. Tinha muitos amigos, aprendeu muito ...
Rodrigo	O meu filho ...
Dona Rosa	Quando andava na universidade, o meu sobrinho estava sempre a estudar. Teve notas muito altas!
Rodrigo	Ah sim?
Dona Rosa	O João, o meu sobrinho, adorou Coimbra, as velhas tradições, a Queima das Fitas. Desde então, tem viajado muito. Trabalha para uma organização internacional.
Rodrigo	Ah, óptimo. Como eu estava a dizer, o meu filho ...
Dona Rosa	Conhece o meu sobrinho?
Rodrigo	Não, não o conheço.
Dona Rosa	Então eu apresento-lho um destes dias. Desculpe, o que estava a dizer?
Rodrigo	Não tem importância. Queria um café forte, por favor.

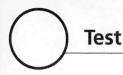

Test

Now it's time to test your progress in Unit 11.

1 Match up the English and Portuguese words for family relationships.

1	viúva	a	niece
2	sobrinho	b	mother
3	mulher	c	brother-in-law
4	tia	d	nephew
5	neto	e	wife
6	cunhado	f	widow
7	tio	g	sister
8	sobrinha	h	aunt
9	irmã	i	grandson
10	mãe	j	uncle

`10`

2 Match the dates

1	1900	a	mil quatrocentos e cinquenta e sete
2	1457	b	mil setecentos e noventa e dois
3	2010	c	mil e novecentos
4	1966	d	dois mil e dez
5	1792	e	mil novecentos e sessenta e seis

3 Give the combined forms of the following pronouns.

1 me + o
2 lhe + as
3 lhes + o
4 lhes + os
5 nos + os

`10`

4 Fill in the forms of the preterite tense missing in the grid.

ir	vir	fazer	dar
_1_	_3_	fiz	_8_
foste	vieste	_6_	deste
_2_	_4_	_7_	_9_
fomos	_5_	fizemos	demos
foram	vieram	fizeram	10

`10`

5 Rewrite the following sentences substituting the underlined text with the correct pronoun combinations.

Example: Dá o livro à Joana – *Dá-lho.*

1 Ela enviou uma carta ao seu primo.
2 Apresento o meu amigo ao João.
3 Escrevo umas cartas à minha tia.
4 Deram o livro ao seu cunhado.
5 Enviaram-me uma carta.
6 Dão-nos uns presentes.
7 Enviaram-te estas encomendas.
8 Apresento-te a minha mulher.
9 Mostrou-nos as suas fotografias.
10 Deixou-te as fotografias da sua amiga.

10

6 Rewrite the following sentences putting the pronouns in the correct position, (A) in front of or (B) behind the verb.

1 O seu tio ____ reformou- ____ há seis anos. (se)
2 Não ____ diga- ____ nada. (lhe)
3 Ela nunca _____ conheceu- _____. (o)
4 Quem _____ lembra- _____ do casamento do tio João? (se)
5 Eles ____ interessam- _____ pela política. (se)
6 Quando ____ interessaram- _____ pela política? (se)
7 Eu não ____ arrependo- ____ do que disse. (me)
8 Ele ____ apresentou- ____ o chefe do governo. (nos)
9 ____ aceitaste ____ por fim? (o)
10 Ninguém ____ conhece _____ como tu. (me)

10

TOTAL SCORE **50**

If you scored less than 40, go through the dialogues and the Language Building sections again before completing the Summary on page 166.

Summary 11

Now try this final test summarizing the main points covered in this unit. You can check your answers on the recording.

How would you:
1 say you retired two years ago?
2 ask somebody how many grandchildren she has?
3 say 'She's my nephew's wife'?
4 say you were born in 1959?
5 say João married my cousin in August?
6 ask where he saw her?

REVISION

Before moving on to Unit 12, try a little more practice with the past tenses. Think back to some memorable occasions with your family, such as happy get-togethers, birthdays, or other celebrations, and try speaking about (or even writing down) what happened. Remember to use the *imperfect* for things that you used to do frequently or that happened regularly, and to describe how things used to be. If you are talking about something that happened on just one occasion or at a particular moment, then you need to use the *preterite*. Practise the dates by trying to remember the month and year when these meetings or celebrations happened.

Go over the irregular verb forms you have learnt in this unit and take the opportunity to revise these verbs in other tenses too.

12

Pastimes
Passatempos

OBJECTIVES

In this unit you'll learn how to:

✓ talk about hobbies, games, and other interests

✓ express how much you like or dislike something

✓ compare the things you like or dislike

✓ express how often you do something

And cover the following grammar and language:

✓ comparisons using **tão … como** ('as … as') and **tanto … como/quanto** ('as much … as', 'as many … as')

✓ the pluperfect tense and past participles

✓ the preterite of irregular verbs: **querer, saber, pôr, poder**

✓ time expressions denoting frequency

✓ irregular past participles

✓ the verbs 'to play': **brincar, jogar, tocar**

LEARNING PORTUGUESE 12

It cannot be stressed enough how important it is to practise speaking aloud as much as possible. Going through the same dialogue several times may appear repetitious, but a fun way of doing this is to vary the tones – happy, sad, shy, angry, and so on – as if you were auditioning for a part in a play. Act out each character and record yourself if possible, so that you can listen back, improve your performance, and track your progress.

 Now start the recording for Unit 12.

12.1 | I don't like violent films at all
Não gosto nada de filmes violentos

ACTIVITY 1 is on the recording.

ACTIVITY 2

Who do these statements apply to – Beatriz, Alda, or Tiago?

Quem …
1 gosta de filmes de acção?
2 gosta mais de teatro do que de cinema?
3 gosta de ópera?
4 gosta mais de bailado do que de ópera?
5 gosta de filmes antigos?

DIALOGUE 1

○ Por que não quiseste ir ao cinema ontem, Alda?
■ Porque não gosto nada de filmes violentos.
○ Perdeste um filme óptimo. Eu gostei imenso!
■ Ó Beatriz, mas tu gostas de filmes violentos?
○ Não. Mas gosto de filmes de acção.
▼ Eu prefiro comédias românticas, ou filmes antigos.
■ Eu também. Não gosto tanto de cinema como de teatro.
▼ O teatro é menos divertido do que o cinema.
○ Eu não gosto muito de teatro. Prefiro ópera. Tu gostas de ópera, Alda?
■ Gosto, mas não é tão interessante como ver um bailado ou ouvir um concerto sinfónico.
▼ Eu não gosto nada de ópera, mas adoro bailado.

VOCABULARY

não gostar nada de	not to like at all
perder	to miss
(filmes) de acção	action (films)
preferir	to prefer
a comédia	comedy
romântico/a	romantic
gostar mais de	to prefer
o bailado	ballet
ouvir	to hear, to listen to
o concerto	concert
sinfónico/a	symphonic

✅ More on comparisons

The section on comparatives on page 00 shows how to say 'more ... than' and 'less ...than'. You also need to know how to say something is 'as ... as'. With adjectives and adverbs, the appropriate phrase is **tão ... como**.

> É **tão** fácil **como** parece. It's as easy as it looks.
> O João não é **tão** rico **como** ele. João is not as rich as he is.

When comparing quantities, Portuguese uses **tanto ... como/quanto** ('as much ... as', 'as many ... as'). **tanto** and **quanto** agree with the noun they refer to in number and gender.

> Ela tem **tantas** amigas **como** eu. She has as many friends as I do.
> Eu gosto de ver televisão **tanto quanto** tu. I like to watch television as much as you do.

✅ The pluperfect tense

The pluperfect is formed using the imperfect of **ter** plus a past participle. To form the past participles of regular verbs you add the endings **-ado** to **-ar** verbs and **-ido** to **-er** and **-ir** verbs.

> Ele disse que **tinha falado** com ela ontem. He said he had spoken to her yesterday.

✅ Irregular preterites: *querer*

	querer
(eu)	**quis**
(tu)	**quiseste**
(ele/ela; você)	**quis**
(nós)	**quisemos**
(eles/elas; vocês)	**quiseram**

ACTIVITY 3

Translate the following sentences using the pluperfect tense.

1 She didn't know I had spoken to João.
2 He saw that we had already eaten.
3 She had arrived when we were in the cinema.
4 He said he had already seen the film.
5 We had said we were going to a concert.

 Now do activities 4 and 5 on the recording.

(12.2) I swim once a week
Nado uma vez por semana

ACTIVITY 6 is on the recording.

ACTIVITY 7

Indicate what Miguel or Helena do or have been doing …

1 há alguns anos.
2 de vez em quando.
3 frequentemente.

4 três vezes por semana.
5 ao fim de semana.
6 uma vez por semana.

DIALOGUE 2

○ Vem muitas vezes a esta piscina?

■ Sou sócia deste clube há alguns anos, mas só o frequento de vez em quando. E você?

○ Eu nado todos os dias. Também jogo ténis frequentemente e pratico culturismo três vezes por semana. Ah, e corro ao fim de semana.

■ Ufa! Você faz-me sentir cansada! Eu só nado uma vez por semana e não pratico outros desportos.

○ Então, convido-a para jogar badminton.

■ Agora? Obrigada, mas não posso. Tenho de ir trabalhar.

○ O que faz?

■ Sou professora … de educação física.

VOCABULARY

muitas vezes	often
o/a sócio/a	member
o clube	club
frequentar	to frequent
de vez em quando	once in a while, occasionally
nadar	to swim
jogar	to play [*sports and games*]
o ténis	tennis
frequentemente	frequently
praticar	to practise
o culturismo	bodybuilding
ao fim de semana	at the weekend
o desporto	sport
convidar	to invite
a educação física	physical education

⊘ Time expressions denoting frequency

There are several ways to express how often you carry out an activity.

amiúde	often
sempre	always
nunca	never
quase nunca	hardly ever
aos sábados	on Saturdays
todos os dias	every day
duas vezes	twice
muitas vezes	many times/often
poucas vezes	rarely, seldom
de vez em quando	from time to time
tantas vezes como ...	as often as

vez(es) is also used to render the English 'times a day/week', etc., or the 'per day' used in doctor's prescriptions.

quatro **vezes por** semana   four times *a* week

⊘ Irregular preterites: *saber, pôr, poder*

	saber	pôr	poder
(eu)	soube	pus	pude
(tu)	soubeste	puseste	pudeste
(ele/ela; você)	soube	pôs	pôde
(nós)	soubemos	pusemos	pudemos
(eles/elas; vocês)	souberam	puseram	puderam

ACTIVITY 8

Translate using the appropriate time expression.

1 She hardly ever goes to the swimming pool.
2 I have to go to the doctor's twice a month.
3 We swim every day.
4 Take the pills twice per day.

ACTIVITY 9

Match the Portuguese with the past tense in English.

1	pudemos	a	I put
2	pôs	b	we put
3	pusemos	c	he put
4	pus	d	we were able

🔊 Now do activities 10 and 11 on the recording.

(12.3) Games and play

Jogos e brincadeiras

ACTIVITY 12 is on the recording.

ACTIVITY 13

O que querem eles fazer?

1 pai 3 filho

2 mãe 4 filha

DIALOGUE 3

○ Já leste este artigo? É sobre a situação política internacional.

■ Já. Interessante. Mas o artigo sobre a dívida externa é o mais interessante de todos.

○ Ainda não o li.

▼ Papá, papá, vamos jogar Monopólio?

○ Jogar Monopólio? Não preferes jogar xadrez com a tua irmã?

▼ Não. Eu quero jogar Monopólio.

● E eu quero brincar às escondidas!

■ Podias brincar com eles ...

○ E tu?

■ Eu vou tocar violoncelo. Tenho de ensaiar.

▼ Eu quero jogar Monopólio!

● E eu quero brincar às escondidas!

○ E eu queria ler o jornal ...

VOCABULARY

o artigo	article
a situação	situation
ler	to read
a dívida externa	foreign debt
ainda não	not yet
o Monopólio	Monopoly
o xadrez	chess
às escondidas	hide-and-seek
tocar	to play [a musical instrument]
o violoncelo	cello
ensaiar	to rehearse
o jornal	newspaper

✓ Irregular past participles

Here are some more irregular past participles:

fazer	**feito**	done
pôr	**posto**	put
abrir	**aberto**	opened
cobrir	**coberto**	covered
pagar	**pago**	paid
ganhar	**ganho**	won, earned
gastar	**gasto**	spent
escrever	**escrito**	written

Keep these participles in mind: apart from their use in compound tenses such as the pluperfect, you will soon be using them again to form passive constructions.

✓ 'to play': *brincar, jogar, tocar*

You will have noticed in this unit that there are several verbs in Portuguese meaning 'to play'. It is important to distinguish between them: **brincar** 'to play games/have fun', **jogar** 'to play a game or a sport', and **tocar** 'to play an instrument'.

Ele **brincava** com os meninos. He was playing with the children.
Vamos **jogar** ténis amanhã? Shall we play tennis tomorrow?
Jogava xadrez como um campeão. He played chess like a champion.
Tocas viola muito bem! You play the guitar very well!

ACTIVITY 14

Translate the following sentences into Portuguese: they all involve irregular past participles.

1 He had written the letter.
2 They had paid the bill to the waiter.
3 She had spent all her money.
4 We had done what we could.

ACTIVITY 15

Translate the following sentences using the correct verb 'to play'.

1 She likes to play badminton.
2 I have a friend who plays the piano.
3 Do you play chess?
4 I play with my son as often as I can.

Now do activities 16 and 17 on the recording.

12.4 Popular music in Portugal

A música popular Portuguesa

ACTIVITY 18

You may have heard of the sad wistful lament called the **fado** and most tourists will be told it is the 'music of Portugal', but there is a much older tradition of folk or popular music. Here is a sad love song from Central Portugal. Read it and answer these questions.

1   What does the lover describe the girl as?
2   Is he very sure about this?
3   Why is he reluctant to praise her so highly?
4   What does he eventually describe her as and why?
5   Does she return his love?

Canção popular da Beira Baixa – Malpica
Eu não sei como te chamas, Ó Maria Faia
Nem que nome te hei-de pôr, Ó Maria Faia, ó Faia Maria
Cravo não, que tu és rosa, Ó Maria Faia
Rosa não que tu és flor, Ó Maria Faia, ó Faia Maria

Não te quero chamar cravo, Ó Maria Faia
Que te estou a engrandecer, Ó Maria Faia, ó Faia Maria
Chamo-te antes espelho, Ó Maria Faia
Onde espero de me ver, Ó Maria Faia, ó Faia Maria

O meu amor abalou, Ó Maria Faia
Deu-me uma despedida, Ó Maria Faia, ó Faia Maria
Abarcou-me a mão direita, Ó Maria Faia
'Adeus ó prenda querida', Ó Maria Faia, ó Faia Maria

hei-de	I am to
o cravo	carnation
a rosa	rose

a flor	flower
engrandecer	to exalt, to put on a pedestal
o espelho	mirror
esperar	to hope, expect
o amor	love
abalar	to run off
a despedida	farewell
abarcar	to grasp, grab
a prenda	dearest

ACTIVITY 19

Music, Theatre, Opera - Música, Teatro, Ópera

SEGUNDA 12
~~Casa do Fados - fadista Mariazinha~~.

TERÇA 13
~~Frei Luís do Sousa, Teatro Nacional.~~
'Mariazinha' ✓

QUARTA 14
Mahler & Lopes Graça - Festival de Sintra. ✓
Telefonar à Ema. ✓

QUINTA 15
~~Frei Luís do Sousa.~~
Concerto de Jazz ✓
Jantar com a Ema.

SEXTA 16
~~Música popular portuguesa, Coliseu.~~
'adiado para sábado'.

SÁBADO,17
Música popular portuguesa? ✓
Jantar com a Ema? ✓

Look at this music- and theatre-lover's diary listing the events that he has attended or at least meant to go to. Make up sentences saying which events he went to and which he missed.

Example: No dia 12, ele ia ouvir a fadista Mariazinha, mas não foi.

A ENTREVISTA
THE INTERVIEW

A Sara está a ser entrevistada para uma revista.

conhecido/a	known, well-known
o/a leitor/leitora	reader
passar	to spend
o passado	past
a moda	fashion
o aeroporto	airport
o meio	medium
anunciar	to announce
por fim	finally
ir-se usar	to be going to be fashionable
no próximo ano	next year

ACTIVITY 20

All of these notes taken by the interviewer are inaccurate. Can you correct them?

1 A Sara é a modelo mais conhecida da Europa.
2 Ela convidou-nos para passar uma semana com ela.
3 Ela é modelo há quinze anos, desde os sete anos.
4 Aos seis anos, ela queria ser chefe de governo.
5 Ela não gosta nada de pensar no passado.
6 Podemos anunciar o seu próximo programa de televisão.
7 No próximo ano, vão-se usar tacões baixos.

ACTIVITY 21

This is the story of how Sara became a model. Can you supply the missing verbs?

A Sara _____ no aeroporto. _____ o avião para Londres. Um fotógrafo de moda _____ -lhe se _____ ser modelo. Ela _____ que sim.

O resto _____ História da Moda.

STORY TRANSCRIPT

Jornalista	Sara, a modelo mais conhecida dos nossos leitores, convidou-nos para passar um dia com ela. Falámos sobre os seus projectos para o futuro, o seu passado e, naturalmente, a moda. Sara, há quantos anos é modelo?
Sara	Sou modelo há sete anos, desde os quinze.
Jornalista	E sempre quis ser modelo?
Sara	Não. Quando tinha seis anos, queria ser polícia.
Jornalista	E como começou a ser modelo?
Sara	Eu estava num aeroporto. Esperava o avião para Londres. Um fotógrafo de moda perguntou-me se eu queria ser modelo. Eu disse que sim e o resto é história ... da moda.
Jornalista	E projectos para o futuro? Pensa muitas vezes no futuro, ou só de vez em quando?
Sara	Bem, eu não gosto nada de pensar no futuro ... Mas a televisão é o meio mais importante de todos.
Jornalista	Ah! Podemos então anunciar o seu próximo programa de televisão?
Sara	Ainda não.
Jornalista	Por fim: o que se vai usar no próximo ano?
Sara	Tacões altos, os tacões mais altos de sempre!

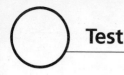

Test

Now it's time to test your progress in Unit 12.

1 Give the Portuguese for the following idiomatic expressions.

　1　right now　　2　not yet　　　3　finally
　4　hardly ever　5　from time to time

5

2 What is the Portuguese for the following games and activities?

　1　chess　　　2　swimming　　3　bodybuilding
　4　tennis　　　5　football

5

3 Fill in the forms of the preterite tense missing in the grid.

querer	poder	pôr	ler	saber
quis	3	6	8	soube
1	pudeste	puseste	leste	10
2	4	7	9	soube
quisemos	pudemos	pusemos	lemos	soubemos
quiseram	5	puseram	leram	souberam

10

4 You're comparing your friends and assessing whether one is as old, rich, healthy, etc., as another. Make comparisons as shown in the examples.
(2 points for each correct answer, 1 point if you make only one error)

Example: O João tem 1,70 metros. A Clara tem 1,70
　　　　 metros. (alto)
　　　　 O João é tão alto como a Clara.
　　　　 A Clara tem 1,70 metros. O João tem 1,90
　　　　 metros. (alto)
　　　　 A Clara não é tão alta como o João.

　1　O João tem 20 anos. A Clara tem 20 anos. (velho)
　2　O Carlos tem 2000$00. A Rita tem 3000$00. (rico)
　3　A Clara trabalha 30 horas por semana. O João
　　　trabalha 40. (aplicado)

4 O Pedro toma 4 comprimidos por dia. A Paula toma 4. (estar doente)

5 A Ana anda 20 quilómetros. O Miguel anda 200. (estar cansado)

| 10 |

5 Change the following sentences into the pluperfect replacing the verbs underlined.

1 O director <u>era</u> sócio do clube.
2 Eles <u>queriam</u> jogar xadrez.
3 Ela <u>pagou</u> a conta imediatamente.
4 <u>Regressámos</u> à piscina à uma da tarde.
5 <u>Foi</u> ouvir um concerto sinfónico.
6 Eu <u>gostei</u> imenso da comédia.
7 Ela <u>leu</u> muitos artigos sobre a política.
8 <u>Comemos</u> depois de sair do cinema.
9 <u>Pusemos</u> o dinheiro sobre a mesa.
10 <u>Vi</u> o Artur a sair do teatro.

| 10 |

6 You want to buy presents for some Portuguese friends. Read the following summary of their likes and dislikes and then answer the questions. (2 points for each correct answer, 1 point if you make only one error)

O João gosta tanto de cinema como de teatro. A Rita não gosta de teatro, perfere jogar ténis e xadrez. Para o Ricardo, ouvir um concerto é tão bom como ir ao teatro. A Joana não gosta de música e teatro, mas joga ténis e badminton. O Eduardo não pratica desportos, mas joga xadrez, e para ele ir ao cinema é tão bom como ouvir música.

1 Who would like a night at the theatre?
2 Who would like a CD?
3 Who would be glad to have a chess set?
4 Who would love a ticket to tennis at Wimbledon?
5 Who could you give some cinema tickets to?

| 10 |

TOTAL SCORE | 50 |

If you scored less than 40, go through the dialogues and the Language Building sections again before completing the Summary on page 180.

Summary 12

 Now try this final test summarizing the main points covered in this unit. You can check your answers on the recording.

How would you:
1 say you go to the cinema three times a week?
2 say you like seeing films as much as going to the theatre?
3 say you don't like concerts at all?
4 say you had already seen the tennis on television?
5 say you adore playing the guitar?
6 tell a friend 'You're playing games with me!'?

REVISION

Before moving on to Unit 13 revise the irregular preterites that you have learnt in this unit – the preterite is an important tense and you will use it a lot, especially with the irregular verbs. Try using them in sentences describing what you have done over the past few days.

Next try making a list of games and sports: use your dictionary to find the names of those you don't know yet. Do the same for musical instruments. Then start to compare them using **tão ... como/ tanto ... como** , saying whether you like one as much as another, whether one is as easy as the other, etc.

Then go over the expressions of frequency and think again about what you have been doing recently, even trivial things. Count up the number of times you have done each activity and then make up sentences giving the relevant statistics, '50 times', 'twice a day', etc.

13

Recent events
Acontecimentos recentes

OBJECTIVES

In this unit you'll learn how to:

- ✓ follow recipes and manuals
- ✓ give instructions on how to do something
- ✓ narrate a sequence of events
- ✓ express uncertainties and possibilities

And cover the following grammar and language:

- ✓ the infinitive used in formal instructions
- ✓ **primeiro, em seguida, depois, por fim** to show the sequence of events
- ✓ **-se** for instructions: **monta-se**, **vende-se**, etc.
- ✓ impersonal constructions
- ✓ the passive: **ser** + the past participle
- ✓ **talvez** ('perhaps', 'maybe') + the subjunctive

LEARNING PORTUGUESE 13

When listening to a dialogue, try to listen out for the underlying rhythms of speech. Each language has its own rise and fall or 'sing-song' pattern and the more you can tune into these and imitate them the more natural you will sound in Portuguese.

One exercise you might try in order to improve this skill is to take a dictation. Try writing down Portuguese as you hear it and you will realize how much you have to guess in the spelling.

Now start the recording for Unit 13.

13.1 Mix all the ingredients ...
Misture todos os ingredientes ...

ACTIVITY 1 is on the recording.

ACTIVITY 2

Which of the following instructions are taken from Lurdes' recipe book, and which are Helena's?

1 Bater as claras.
2 Misturar todos os ingredientes.
3 Adicionar água quente.
4 Adicionar as claras batidas.

DIALOGUE 1

○ A receita manda misturar todos os ingredientes ...

■ Não é melhor bater o açúcar com a manteiga primeiro?

○ Mas a receita manda misturar todos os ingredientes, Helena ... É melhor eu ler a receita outra vez. 'Misture a farinha, o açúcar, os ovos, o chocolate e a manteiga e bata durante dois minutos. Adicione água quente e bata.'

■ Acho que devias bater o açúcar com a manteiga, em seguida adicionar as gemas, a farinha e o chocolate e, por fim, as claras batidas.

○ Podias fazer o bolo de chocolate ...

■ Não. Eu ajudo-te. Posso bater as claras ...

VOCABULARY

a receita	recipe
mandar	to instruct
misturar	to mix
o ingrediente	ingredient
bater	to beat
o açúcar	sugar
a manteiga	butter
a farinha	flour
o ovo	egg
o chocolate	chocolate
adicionar	to add
a gema	yolk
a clara	egg white
ajudar	to help

⊘ The infinitive used for formal instructions

In addition to the imperative, Portuguese also uses the infinitive to express commands or instructions. This gives an impersonal tone to the command and it is most commonly used in books and manuals where formal instructions are being given.

Primeiro **bater** o açúcar com a manteiga. First beat the sugar with the butter.
Misturar o resto dos ingredientes. Mix the remaining ingredients.

It is also used in official notices to the general public, where once again the impersonal tone is being reinforced.

Não **fumar**. No smoking

⊘ Showing the sequence of events

When giving instructions or recounting events, the following words are useful to clarify the sequence:

Primeiro foi ao banco, **em seguida** comprou o vinho, **depois** umas flores e **por fim** apanhou um táxi.
First he went to the bank, next he bought the wine, then some flowers and finally he took a taxi.

⊘ *É / Era melhor* ... ('It's best to / It would be better to ... ')

Rather than using **eu acho que** all the time, try this more impersonal expression followed by the infinitive.

É melhor não usar água quente. It's best not to use hot water.
Era **melhor bater** os ovos primeiro. It would be better to beat the eggs first.

ACTIVITY 3

You're helping a Portuguese friend to make a chocolate cake. Read out the following instructions from the recipe book, using the infinitive.

1 Beat the eggs.
2 Add the sugar.
3 Mix the flour with the chocolate.
4 Add the milk.

Now do activities 4 and 5 on the recording.

Assembly instructions
Instruções de montagem

ACTIVITY 6 is on the recording.

ACTIVITY 7
Correct the statements which are false.

1 As peças A são as pernas.   V / F
2 Aparafusa-se a peça B no ponto A.   V / F
3 Eles estão a montar uma estante.   V / F
4 A estante tem quatro prateleiras.   V / F
5 A estante tem pernas.   V / F

DIALOGUE 2
○ Podias ler as instruções de montagem?
■ Está bem. 'Alinham-se as quatro peças A, aparafusa-se a peça B no ponto C … '
○ Um momento! Peças A, peça B, ponto C. Ah, aqui estão as peças A.
■ Estás enganado. As peças A são as partes laterais.
○ As partes laterais? As peças A são as pernas.
■ As pernas? Que pernas? A estante não tem pernas.
○ Estante? Que estante?
■ A estante que estamos a montar.
○ Nós não estamos a montar uma mesa?
■ Não. É uma estante.
○ Ah! Tens razão. 'Estante de montagem fácil'.

VOCABULARY

a instrução	instruction
a montagem	assembly
está bem	all right
alinhar	to align
a peça	piece, part
aparafusar	to screw
o ponto	point, spot
estar enganado/a	to be wrong
a parte	part
lateral	lateral, side
a perna	leg
a estante	bookcase
a mesa	table

✅ More instructions: -se

Yet another way to give instructions is to use the 3rd person singular of the verb with the reflexive pronoun **-se**.

Monta-**se** a estante. Assemble the bookcase.

What is in fact the object of the operation is the subject of the verb. So if the noun is plural, the verb needs to be plural too.

Alinham-**se** as peças. Align the parts.

✅ Impersonal expressions: -se

A similar use of this construction can be seen in more idiomatic expressions such as 'house for sale'. Note that there is no article.

vendem-se apartamentos   flats for sale

The **-se** construction can also be used as a replacement for the passive.

Diz-se que ele morreu. It is said / People say that he died.
Aceitam-se cartões de crédito. Credit cards are accepted.

✅ Impersonal expressions: 'they' form

Portuguese also uses the 'they' form of the verb to convey a general opinion, as in English.

Dizem que é muito boa. They say it is very good.
Pensam que estás louco. They think you're mad.

ACTIVITY 8

Translate these sentences using the **-se** construction.

1 Align the four side parts.
2 People say that a bookcase is not easy to assemble.
3 Tables for sale.
4 First read the instructions!

ACTIVITY 9

Complete these sentences/expressions.

1	Vende-se	a	a estante
2	Aceitam-se	b	que não é verdade
3	Diz-se	c	bicicleta
4	Aparafusa-se	d	cheques

🎧 Now do activities 10 and 11 on the recording.

Um problema sobre rodas

ACTIVITY 12 is on the recording.

ACTIVITY 13

What will happen at these times?

1 esta tarde
2 amanhã de manhã
3 na próxima semana
4 duas semanas

DIALOGUE 3

○ Então qual é o problema?

■ O problema? Isto não é um carro, é um monte de problemas sobre rodas!

○ Quanto tempo vai demorar o conserto?

■ Ora bem ... O óleo é mudado esta tarde ... Os pneus são substituídos amanhã de manhã ... e a pintura tem de ser adiada até à próxima semana.

○ Eu vou ficar sem carro duas semanas?! Não pode ser!

■ Pois é, meu amigo.

○ E quanto vai custar o conserto?

■ Quanto vai custar? Bem . . .

○ Não pode dar-me uma ideia?

■ Dar-lhe uma ideia? Não. Mas posso dar-lhe um conselho.

○ Ah, sim? Então que conselho me dá?

■ Venda este carro e compre um carro novo.

VOCABULARY

o problema	problem
o monte	heap
sobre rodas	on wheels
demorar	to take time
o conserto	repair
o óleo	oil
mudado/a	changed
o pneu	tyre
subtituído/a	changed (over)
a pintura	painting, spraying
adiar	to postpone
vender	to sell

✓ The passive: *ser* + the past participle

Once you are familiar with past participles, the passive is an easy form to use in Portuguese. As in English, it is formed by adding the participle to the appropriate tense of the verb **ser** 'to be'. In this construction the past participle is treated as an adjective and has to agree with the subject.

O óleo **é mudado** cada seis meses. The oil is changed every six months.
A direcção **foi afinada**. The steering was adjusted.
A factura **será paga** pela empresa. The bill will be paid by the firm.

Note the use of **por** to mean 'by' (**por** + **o/a/os/as** = **pelo/pela/pelos/pelas**).
Foi mudado **pelo** técnico. It was changed by the technician.

✓ *talvez* ('perhaps', 'maybe')

talvez ('perhaps', 'maybe') always implies a reluctance to accept the truth of a statement. It is therefore always followed by a subjunctive.

Talvez ela **chegue** amanhã. Maybe she'll arrive tomorrow.
Talvez **tenham** sorte. Perhaps they'll be lucky.

ACTIVITY 14

Translate the following sentences into Portuguese using the passive.

1 The car was bought by Joana.
2 The tyres were changed each year.
3 The costs were calculated by the technician.
4 The painting was done yesterday.

ACTIVITY 15

You're thinking of buying a new car and are visiting a local dealer. You're a bit uncertain: translate the following thoughts using **talvez** and the subjunctive.

1 Perhaps I can buy a new car.
2 Maybe it doesn't cost much.
3 Perhaps the tyre is OK.
4 Maybe he has some advice.

 Now do activities 16 and 17 on the recording.

Portuguese cuisine

Cozinha Portuguesa

ACTIVITY 18

Below is a list of typical Portuguese foods and wines. You've already been introduced to some, and the others should be easy to guess. See if you can match them with their English translation.

1	vinho do Porto	a	pork with clams
2	bacalhau	b	creme brulée
3	rojões	c	Serra da Estrela cheese
4	frango de piripiri	d	custard tart
5	alheira	e	Madeira wine
6	queijo da Serra	f	salt cod
7	leite creme	g	Port
8	pastel de natas	h	spicy chicken
9	porco com amêijoas	i	pork dish
10	vinho da Madeira	j	sausage with no pork in it

ACTIVITY 19

Here are the instructions for a typical Portuguese Christmas sweet recipe. Rewrite them, using the impersonal construction **se**.

The first instruction is done for you:

Cortar o pão em fatias – *Corta-se o pão em fatias*

RABANADAS

Ingredientes: um pão (cacete); 2 dl de vinho do Porto; 50 gr de açúcar; 1 pau de canela; 1 casca de limão; 6 ovos.

Cortar o pão em fatias. Aquecer num tacho com $\frac{1}{2}$ litro de água o vinho do Porto, o açúcar, o pau de canela e a casca de limão. Deixar ferver um pouco, retirar do lume e mergulhar as fatias nesta calda com cuidado. Passar depois pelos ovos batidos e, numa frigideira, fritar em azeite a ferver.

Pôr as fatias num prato e regar com uma calda igual àquela em que se mergulharam. Polvilhar com canela.

o cacete	baguette
o pau de canela	cinnamon stick
a casca de limão	lemon peel
cortar	to cut
a fatia	slice
aquecer	to heat
o tacho	saucepan
o litro	litre
ferver	to boil [*liquids*]
retirar	remove
o lume	cooker, stove
mergulhar	to dip
a calda	syrup
com cuidado	carefully, with care
passar por	to coat with
a frigideira	frying pan
fritar	to fry
o azeite	olive oil
regar	to douse
polvilhar	to sprinkle

ACTIVITY 20

And now, to round off this gastronomic section, find ten of the Portuguese foods and wines mentioned in this unit in this word search.

P	Q	D	R	Q	P	I	R	I	P	I	R	I
O	A	F	X	C	A	L	H	E	I	R	A	X
R	O	J	O	E	S	E	D	F	A	R	T	V
T	E	R	T	A	T	S	U	P	I	L	B	R
O	A	M	A	D	E	I	R	A	V	N	A	T
E	R	T	I	A	L	O	M	B	I	O	C	Y
Q	U	I	L	T	D	D	A	F	N	R	A	B
U	V	I	C	O	E	F	E	R	H	T	L	A
E	R	A	B	A	N	A	D	A	S	A	H	L
I	A	Z	S	E	A	S	D	N	E	L	A	L
J	O	V	I	A	T	E	A	G	A	O	U	E
O	B	O	E	N	A	L	O	O	L	H	I	N

(13.5) A história modelo

 A MINHA ENTREVISTA ...
MY INTERVIEW ...

A Sara quer contar a sua entrevista à dona Rosa. Mas a
dona Rosa não está muito impressionada ...

ter tempo para	to have time for
simpático/a	nice, pleasant [*of people*]
a página	page
a culinária	cooking
a carreira	career
comentar	to comment
o plano	plan
contar	to tell
impressionado/a	impressed
atarefado/a	busy

ACTIVITY 21

The following words relate to either dona Rosa or Sara.
Without looking at the transcript, can you remember who
said each one and the sentence in which it appears?

Example: entrevistada
Sara – Eu (Sara) fui entrevistada por uma revista.

1 impressionada
2 conhecida
3 enganada
4 atarefada

ACTIVITY 22

Below are some of the things that Sara tells dona Rosa.
Rewrite the text below as if you were Rodrigo reporting
Sara's words to his wife.

Sara Fui entrevistada por uma revista. O jornalista fez-me
imensas perguntas. Na revista fala-se da minha
carreira e comentam-se os meus planos para o futuro.
Eu contei à dona Rosa que fui entrevistada, mas acho
que ela não está nada impressionada ...

Ela foi ... .

Sara	Sabe, dona Rosa, fui entrevistada por uma revista …
Dona Rosa	Parabéns! Eu não tenho tempo para ler revistas. Sim? Faz favor?
Sara	O jornalista era muito simpático. Fez-me imensas perguntas!
Dona Rosa	Ah, sim? Quando eu leio revistas, só leio a página de culinária.
Sara	Na revista fala-se da minha carreira, comentam-se os meus planos para o futuro …
Rodrigo	Olá, Sara! Bom dia, dona Rosa!
Sara	Olá!
Dona Rosa	Bom dia, senhor Rodrigo. Então temos aqui uma personalidade famosa?
Rodrigo	Quem? A dona Rosa?
Sara	Eu contei à dona Rosa que fui entrevistada …
Rodrigo	A Sara vai ser conhecida em todo o país!
Dona Rosa	Pois é …
Sara	Rodrigo, acho que a dona Rosa não está nada impressionada.
Rodrigo	Estás enganada! Ela anda muito atarefada. Dona Rosa! Dona Rosa!
Dona Rosa	Sim, senhor Rodrigo? Só um momento! Um café?
Sara	Desisto!

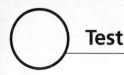

Test

Now it's time to test your progress in Unit 3.

1 Complete the cooking instructions by matching 1–5 with the appropriate ending from a–e.

1	adicionar	a	o acúcar e a manteiga
2	barrar	b	as gemas
3	envolver	c	as claras em castelo
4	ligar	d	a forma
5	bater	e	o forno

5

2 Complete the following words to produce the ingredients for a cake.

1	o_o_	6	c_o_o_a_e
2	a_ _ca_	7	m_ _te_ _a
3	_gu_	8	g_m_ _
4	f_ _i_h_	9	m_ss_
5	c_ar_s	10	_o_o

10

3 Complete the instructions with the missing imperative (*você*).

1 Primeiro _____ a farinha com o chocolate. (misturar)
2 Em seguida _____ os ovos. (bater)
3 Depois _____ as gemas. (envolver)
4 _____ o forno. (ligar)
5 _____ o bolo no forno. (meter)

5

4 Rewrite the following instructions using the **-se** construction.

1 <u>Leia</u> as instruções.
2 <u>Alinhe</u> as peças.
3 <u>Aparafuse</u> a peça D.
4 <u>Monte</u> a estante.
5 <u>Fique</u> contente.

5

5 Put the following sentences into the passive.
   (2 points for each correct answer, 1 point if you make only one error)

   1 O técnico mudou o óleo.
   2 Substituiram os pneus.
   3 Ela pagou a conta imediatamente.
   4 A Joana vendeu o carro.
   5 O Carlos comprou o carro.

6 You're waiting to go into an interview and are rather unsure about how things will go. Translate these thoughts using the subjunctive after **talvez**.
   (2 points for each correct answer, 1 point if you make only one error)

   1 Perhaps I shall have time to read.
   2 Perhaps they will postpone the interview.
   3 Perhaps he will not ask many questions.
   4 Perhaps he will not comment on my plans.
   5 Perhaps she will not be at all impressed.

7 Make the following sentences impersonal by replacing the words underlined with one of the constructions you have learned.

   Examples: Ele diz … *Diz-se/Dizem* …
             Ele vende … *Vende-se* …

   1 <u>Ela diz</u> que fritar um ovo é muito fácil.
   2 <u>Vou vender este</u> carro.
   3 <u>Ele pensa</u> que não sei fazer o conserto.
   4 <u>Você diz</u> que devia comprar um carro novo.
   5 <u>Vendemos</u> ovos frescos.

TOTAL SCORE **50**

If you scored less than 40, go through the dialogues and the Language Building sections again before completing the Summary on page 194.

Summary 13

 Now try this final test summarizing the main points covered in this unit. You can check your answers on the recording.

How would you:
1 say it would be better to beat the eggs first?
2 say 'No smoking in the garage'?
3 say 'Car for sale'?
4 say 'They say that garage is very dear'?
5 ask if the oil has been changed?
6 say 'Perhaps we need a new car!'?

REVISION

Before moving on to Unit 14 revise the different ways in which instructions are given: the imperative, the infinitive, and the reflexive pronoun **-se**. Then find a simple recipe or some general instructions from a self-assembly piece of furniture, for example, and see if you can go through a few of the procedures in Portuguese.

Party time
Tempo de festa

OBJECTIVES

In this unit you'll learn how to:

- ✓ congratulate people
- ✓ make toasts
- ✓ ask others to do something
- ✓ express hopes and wishes
- ✓ express surprise, feelings, and sensations

And cover the following grammar and language:

- ✓ the subjunctive with **embora** ('although', 'even though')
- ✓ the subjunctive with **oxalá** to express hopes and wishes
- ✓ diminutives
- ✓ the imperfect subjunctive
- ✓ the past tenses of **há**

LEARNING PORTUGUESE 14

This is the last unit in the book, but your learning will continue beyond the final page. The most important thing now is to consolidate what you have learnt by practising as much as you can.

There are two key elements in learning a language; one is your knowledge – your range of vocabulary, your mastery of tense and verb forms – and the other is your ability to communicate fluently. This is largely a question of confidence and a willingness to have a go, and there is no substitute for trying out your Portuguese whenever you can.

Now start the recording for Unit 14.

14.1 A toast! A toast!

Um brinde! Um brinde!

ACTIVITY 1 is on the recording.

ACTIVITY 2

To whom or what do the following statements apply?

1 Faz 21 anos.
2 Está delicioso.
3 Fazem 50 anos de
   casados.

4 Tem 82 anos.
5 Vai falar.

DIALOGUE 1

○■▼● Silêncio! Silêncio!
○ Celebramos hoje dois aniversários: A minha filha Ritinha
   faz vinte e um anos, e o pai e a mãe fazem cinquenta
   anos de casados.
   Os nossos parabéns à Ritinha! Oxalá seja muito feliz!
   E os nossos parabéns ao pai e à mãe!
○■▼● Um brinde! Um brinde!
○ Vamos brindar aos três.
○■▼● À tua saúde! À vossa saúde!
■ Este bolo está delicioso!
▼ E os salgados estão óptimos!
○■▼● Silêncio! Silêncio! O avô Clemente vai falar.
● Embora eu tenha já oitenta e dois anos, ainda me lembro
   de …

VOCABULARY

silêncio!	silence!
celebrar	to celebrate
o aniversário	anniversary, birthday
fazer anos	to celebrate a birthday
fazer anos de …	to celebrate an anniversary
casado/a	married
a felicidade	happiness
o brinde	toast
brindar a	to toast
à tua/vossa saúde	to your health
os salgados	savouries
embora	although

✓ The subjunctive with *embora* ('although', 'even though')

The word for 'although' in Portuguese is **embora** and this conjunction is *always* followed by a subjunctive.

Embora **seja** verdade, não o posso acreditar. Although it is / may be true, I cannot believe it.
Embora **cheguemos** tarde, ele vai esperar-nos. Although we shall / may arrive late, he is going to wait for us.
Embora **tenhas** só 20 anos, sabes guiar melhor que eu. Even though you are/ may be only 20, you can drive better than me.

✓ The subjunctive to express hopes and wishes with *oxalá ... !*

The rather strange word **oxalá** comes from the Arabic *insh'Allah* – 'may it please Allah that … '. Knowing this might help you remember how it is used in Portuguese.

You place **oxalá** at the beginning of a sentence in Portuguese to introduce a hope or wish. It corresponds to the English 'May … ' or 'I hope that … '.

Oxalá tenha sorte! May you be lucky! / I hope you are lucky!
Oxalá sejam felizes! May they be happy! / I hope they will be happy!

✓ Diminutives: *-inho/a*

English often adds '-y' / '-ie' to the end of names to add an affectionate tone to their meaning: Billy, Susie, Jimmy. The Portuguese do the same by adding **-inho/a**: Miguel*inho*, Isabel*inha*, Carl*inhos*. The diminutive is also added to other words, when the speaker wants to describe them as small or endearing.

uma mes**inha**   a (nice) little table
um gat**inho**   a pussy

ACTIVITY 3

Translate the following sentences into Portuguese using **oxalá**.

1 I hope you are right. (tu)
2 I hope he arrives soon.
3 May they live many years!
4 I hope we win the match.
5 I hope it rains tomorrow!

🎧 Now do activities 4 and 5 on the recording.

14.2 Happy Christmas!

Feliz Natal!

ACTIVITY 6 is on the recording.

ACTIVITY 7

Choose the correct ending for each sentence.

1 A Sílvia quer pôr os presentes
   a ao lado da árvore de Natal   c ao lado do presépio
   b debaixo da mesa
2 A tia Emília e o tio Carlos foram convidados
   a e vêm à Consoada   b mas não querem vir à
   Consoada   c mas não podem vir à Consoada
3 A Linda é
   a irmã do Duarte e filha da Sílvia   b sobrinha do
   Duarte e filha da Sílvia   c filha do Duarte e da Sílvia

DIALOGUE 1

○ Pomos os presentes em cima da mesa, ao lado do
   presépio.
■ Eu gostava que se pusessem os presentes debaixo da
   árvore de Natal, mamã …
▼ Olá, Sílvia! Olá, Linda!
■ Olá, tio Duarte. Feliz Natal!
▼ Sílvia, minha querida irmã, estás muito atarefada!
○ Muito! Eu queria que me ajudasses.
■ Eu queria que pusesses os presentes debaixo da árvore …
▼ Está bem. Quantas pessoas vêm à Consoada?
○ Somos doze. Embora eu convidasse a tia Emília e o tio
   Carlos, eles não podem vir.
▼ Que pena! Eles iam trazer um bolo rei.

VOCABULARY	
em cima de	on (top of)
o presépio	nativity scene, manger
debaixo de	under, underneath
a árvore	tree
o Natal	Christmas
a Consoada	*Christmas Eve meal*
o bolo rei	*typical Christmas (fruit) cake*

✅ The imperfect subjunctive

When talking about the past you have to use the imperfect subjunctive. To form it, you take the 3rd person plural of the preterite tense. The **-ram** ending is removed and the following endings then added: **-sse, -sses, -sse, -ssemos, -ssem**.

falar - falaram	fala**sse**, fala**sses**, fala**sse**, fal**ássemos**, fala**ssem**
comer - comeram	come**sse**, come**sses**, come**sse**, com**êssemos**, come**ssem**
partir - partiram	parti**sse**, parti**sses**, parti**sse**, part**íssemos**, parti**ssem**

Even irregular verbs follow the same rule:

ser - foram	fo**sse**, fo**sses**, fo**sse**, fô**ssemos**, fo**ssem**

Embora eles me **convidassem**, não pude ir. *Although they invited me, I wasn't able to go.*

Talvez **fosse** um presente do tio Carlos. *Perhaps it was a present from Uncle Carlos.*

✅ Verbs of wanting and wishing: *Queria ... / Gostava que ...* ('I would like somebody to ...')

If you are saying what you would like someone to do using **querer** or **gostar de**, these verbs need to be followed by the subjunctive.

Eu queria que me ajud**asses**. *I'd like you to help me.*

Eu gostava que troux**essem** um bolo. *I'd like them to bring a cake*

ACTIVITY 8

Give the imperfect subjunctive for these verbs.

Example: eles – falar > *falassem*

1 nós – dar   3 ela – comer
2 tu – estar   4 eu – ter

ACTIVITY 9

Translate using the imperfect subjunctive.

1 Although I was in Portugal during Christmas, I didn't eat *filhós*.
2 I'd like him to buy the presents.
3 Perhaps they put the cake on the table.
4 He wanted us to help.

 Now do activities 10 and 11 on the recording.

14.3 Local saints' days

Os santos populares

(▶) **ACTIVITY 12** is on the recording.

ACTIVITY 13

Sort into two columns what Peter and Joan have done and what they have not done.

1 Viram as marchas na rua.	2 Viram televisão.
3 Comeram sardinhas.	4 Jantaram no hotel.
5 Assistiram aos fogos de artifício.	6 Comeram cabrito.
7 Saltaram fogueiras.	8 Foram ao São João.

DIALOGUE 1

○ Foste ao São João no Porto com o Peter e a Joan?

■ Não. Não achei que eles quisessem ir a outra festa dos santos populares.

■ Nós fomos à festa do Santo António em Lisboa.

○ Então, em Lisboa, é provável que vocês vissem as marchas populares, dançassem nos bailes de rua e comessem sardinhas assadas?

■ Não … Vimos os fogos de artifício do hotel … e vimos as marchas pela televisão …

▼ Não acredito!

■ E jantámos no hotel. Não havia sardinhas assadas …

▼ E não foram ao São João no Porto? Não saltaram as fogueiras, nem comeram cabrito assado?

VOCABULARY	
São João	Saint John [*festivities on the eve of the 24th June*]
a festa	festival
os santos populares	local saints
a marcha popular	parade
o baile de rua	street dance
o fogo de artifício	fireworks (display)
jantar	to have dinner
saltar	to jump
a fogueira	fire
o cabrito	kid [*goat*]

✓ The imperfect subjunctive with *oxalá* 'I wish … ' /'If only …

When used with the imperfect subjunctive **oxalá** has the meaning of the English 'I wish that … !' or 'If only …'.

Oxalá soubesse quem ganhou! I wish I knew who won!
Oxalá fôssemos ricos! If only we were rich!

✓ Expressing possibility and probability

é possível que ('it is possible that …') and **é provável que** … ('it is probable that …) are both followed by the subjunctive.

É possível que **jantassem** no hotel. It's possible that they ate at the hotel.
É bem **provável** que elas não **cheguem** a tempo. It is quite probable they won't arrive in time.

✓ 'There was'/ 'There were':   *havia / houve*

When describing events in the past, the imperfect of *há – havia –* is used for actions which went on for some time and the preterite *– houve –* for single events.

Havia muitas pessoas na rua. There were many people in the street.
Houve um acidente. There was an accident.

ACTIVITY 14

Complete the following sentences with the correct form of the imperfect subjunctive.

1 É possível que eles _____ cabrito assado. (comer)
2 É provável que elas _____ as marchas pela televisão. (ver)
3 É provável que ela_____ à Festa de São João. (ir)
4 É possível que elas não_____ dos fogos de artifício? (gostar)

ACTIVITY 15

Translate the following wishes using **oxalá** and the imperfect subjunctive.

1 I wish I could go to see the parade!
2 I wish I had a television!
3 I wish I could dance with her!
4 Would that it were true!

 Now do activities 16 and 17 on the recording.

14.4 Holidays and festivities

Feriados e festas

ACTIVITY 18

Can you match the **festas** on the left with the appropriate food, drink, and merry-making activities on the right?

Natal
Santos populares
Fim de Ano

árvore e presépio
champanhe
bolo rei, filhós, rabanadas
fogo de artifício
marchas populares
sardinhas assadas
fogueiras

ACTIVITY 19

Read the passage below about the popular verses written for the festa de **São João**, and answer these questions.

1 Quando é o São João?
2 De onde é o *Jornal de Notícias*?
3 Quando se compram os vasos de manjerico?
4 O que vem espetado nos vasos de manjerico?
5 Quem é Fernando Pessoa?

No dia de São João (24 de Junho), um dos principais jornais portugueses, *O Jornal de Notícias* do Porto, dedica a sua primeira página às quadras vencedoras de um concurso organizado todos os anos.

As quadras sobre os Santos Populares são muito populares e, na semana anterior ao dia de São João, as pessoas compram vasos de manjerico com pequenos quadrados de papel com uma quadra espetados no vaso.

A quadra popular foi também cultivada por um grande poeta português do século XX, Fernando Pessoa:

Na noite de São João,
Há fogueiras e folias.
Dançam uns e outros não
Tal como nos outros dias.

dedicar	to dedicate
a quadra	*popular four-verse rhyme*
vencedor/ora	winning
o concurso	contest, competition

sobre	about
anterior	before, previous
o vaso	pot
o manjerico	*basil-like herb*
espetar	stick
cultivar	cultivate
o poeta	poet
a folia	merry-making
dançar	dance
tal como	just like

ACTIVITY 20

Would you like to try your hand at writing 'quadras populares'? Then complete the verses below with the missing rhyming words – they can all be found in the vocabulary sections in this unit.

1 A festa de São João
   vamos todos celebrar
   Nas ruas, a _____
   brinda ao santo _____

2 São João, eu aqui fico
   sem baile nem companhia;
   no meu vaso de _____
   uma quadra sem _____

ESTRELA DA TELEVISÃO
TV STAR

A Sara foi convidada para apresentar um programa na televisão.

encantado/a	delighted
que maravilha!	how wonderful!
a estrela	star
a surpresa	surprise
o champanhe	champagne
o êxito	success
acertar	to get (something) right
combinado!	done! / it's a deal!

ACTIVITY 21

Listen to the story again. **Verdadeiro ou falso?** Correct the statements which are false.

1 A Sara foi convidada para apresentar um
  programa de aeróbica na televisão.   V / F
2 A Sara está encantada.
3 A Cláudia dá-lhe os parabéns.   V / F
4 Vão brindar com água mineral.   V / F
5 A Dona Rosa não tem uma garrafa de
  champanhe.   V / F
6 O Rodrigo não adivinha o nome do programa. V / F
7 A Sara diz o nome do programa.   V / F
8 Vão todos celebrar em casa da Cláudia.   V / F

ACTIVITY 22

Supply the appropriate answer from the dialogue without looking at the transcript.

Cláudia   Dona Rosa, tem uma garrafa de champanhe?
Dona Rosa _____ . Vamos brindar à
           menina Sara.

Rodrigo   Como se vai chamar o programa?
Sara   _____

Sara   Querem que diga o nome do programa?
Rodrigo   _____

STORY TRANSCRIPT

Rodrigo	A Sara foi convidada para apresentar um programa de moda na televisão! Está encantada!
Cláudia	Como?! Que maravilha! Sara, parabéns!
Rodrigo	Dona Rosa, apresento-lhe a nova estrela da televisão!
Dona Rosa	Ai, que surpresa! Muitos parabéns!
Sara	Obrigada.
Cláudia	Temos de celebrar! Dona Rosa, tem uma garrafa de champanhe?
Dona Rosa	Com certeza! Vamos brindar à Menina Sara.
Rodrigo	À tua, Sara!
Cláudia	Que tenhas muito êxito!
Dona Rosa	Muitas felicidades, Menina Sara!
Rodrigo	Como se vai chamar o programa?
Sara	Adivinha!
Rodrigo	Duvido que acerte … A Moda da Sara? A Sara e a Moda?
Sara	Não, não!
Cláudia	A Moda do Dia?
Sara	Não. Duvido que acertem. Querem que diga o nome do programa?
Rodrigo	Diz, então.
Sara	O Programa Modelo!
Dona Rosa	Ah! … Um nome muito interessante …
Sara	Eu gostava que viessem todos a minha casa, para celebrar.
Dona Rosa	Aceito. Eu levo os bolos. E hoje, como é um dia especial, a Menina Sara vai comer um dos meus bolos!
Sara	Combinado!

Test

Now it's time to test your progress in Unit 14.

1 Give the Portuguese for the following idiomatic expressions.

1 Your health!   4 It's a deal!
2 Merry Christmas!   5 How wonderful!
3 Congratulations!

5

2 Fill in the blanks in the following words to make the names of five celebrations.

1 N_t_l
2 S_o _o_o
3 a_i_e_s_r_o
4 C_n_ _a_a
5 S_n_o _n_ó_i_

5

3 Fill in the gaps with the present subjunctive to express hopes and wishes.

1 Oxalá ela _____ muito êxito! (ter)
2 Oxalá os seus filhos _____ felizes! (ser)
3 Oxalá eles _____ muitos presentes. (receber)
4 Oxalá eles _____ muitos anos! (viver)
5 Oxalá ela não _____ amanhã! (vir)

5

4 Complete the sentences with the correct subjunctive form after **embora**.
(2 points for each correct answer, 1 point if you make only one error)

1 Embora a Ritinha _____ vinte e cinco anos, parece ter vinte.
2 Embora os salgados _____ óptimos, o bolo não está bom.
3 Embora _____ a tia Amélia, ela não pode vir.
4 Embora eles não _____ vir, mandaram um bolo rei.
5 Embora já _____ à festa do Santo António, não fomos à festa de São João.

10

5 Rewrite the following sentences introducing them with **É possível que**.
(2 points for each correct answer, 1 point if you make only one error)

Example: Já receberam os seus presentes.
    É possível que já recebessem os seus presentes.

1 Chegamos tarde à festa da Ana.
2 Trouxeram um bolo rei caseiro.
3 Não querem vir à Consoada.
4 Os netos comeram todas as rabanadas.
5 Assistiram aos fogos de artifício.

10

6 Translate the following sentences using the subjunctive after **queria que …**
(2 points for each correct answer, 1 point if you make only one error)

Example: We would like you to spend Christmas with us.
    Queríamos que tu passasses o Natal connosco.

1 I would like him to come.
2 She would like me to make a cake.
3 We would like the party to start at five.
4 They would like us to attend.
5 I would like the cake to be made of chocolate.

10

7 Fill in the missing forms of the imperfect subjunctive.

ter	estar	ir
tivesse	estivesse	fosse
_1_	estivesses	fosses
tivesse	estivesse	fosse
_2_	_3_	fôssemos
tivessem	_4_	_5_

5

TOTAL SCORE **50**

If you scored less than 40, go through the dialogues and the Language Building sections again before completing the Summary on page 208.

Summary 14

 Now try this final test summarizing the main points covered in this unit. You can check your answers on the recording.

How would you:
1 say 'our congratulations to Maria'?
2 say 'may she be very happy!'?
3 tell a friend you'd like her to help you?
4 say you wish you could go to the party?
5 say 'it's possible we'll arrive late'?
6 say there were parades in the streets?

REVISION

You have now almost completed the course and there is just the final Review to do. Once you have tried this, have a look at the first and last pages of each unit to show yourself how much you have achieved and see whether you can remember the points listed. Use the revision sections at the end of the units to check your memory skills and look for any weaknesses in your knowledge. Concentrate on the areas you have most problems with and revise those units.

Vocabulary is certainly one area that will always require a bit of memory work and need refreshing. But the most important thing you can do is practise your verbs over and over again, preferably on a few natives! And don't be put off by those subjunctives – Portuguese may use them a lot more than many languages, but they are just like any other tense and the more you practise them the more they will become automatic. Remember that communication is the main thing, so **Fale! Comunique! ... e boa sorte!**

Review 4

VOCABULARY

1 Na garagem. Complete the sentences with the appropriate part of the car.

> **a direcção   os pneus   o óleo**

    1 O técnico disse-me que todos os carros precisam de quatro _____ !

    2 Tive de substituir _____ porque estavam muito gastos.

    3 Sem _____ , o motor não pode funcionar.

    4 Preciso de mudar _____ .

    5 Não se pode conduzir sem ter _____ bem afinada.

2 Unscramble these words to reveal different members of the family.

    1 nhorisob   4 marip

    2 lhifo   5 lhumre

    3 onte

3 Match the following activities with their locations.

    1 a natação   a o ginásio

    2 um filme   b a rua

    3 uma marcha popular   c a cozinha

    4 um bolo   d a piscina

    5 a aeróbica   e o cinema

4 Give the Portuguese for the following expressions.

    1 You don't say!   4 Happy Christmas!

    2 How confusing!   5 Your health!

    3 Right now.

5 Write out in full the following dates.

    1 22nd of October 1949

    2 2nd of September 1952

    3 1st of January 2001

    4 31st of December 1999

    5 4th July of 2005

6 Fill in the gaps in each column with the appropriate subjunctive form.

ir	ser	ter	estar	poder
fosse	seja	__5__	estivesse	possa
__1__	sejas	tivesses	estivesses	__8__
fosse	__3__	tivesse	estivesse	possa
__2__	__4__	tivéssemos	__7__	possamos
fossem	sejam	__6__	estivessem	__9__

7 Translate the following sentences using the correct subjunctive.

1 Perhaps my father will buy me a new car.
2 Although my aunt is 90 she is still very fit.
3 I wish I could go to João's party.
4 I would like you (você) to fry me an egg, please.
5 May their anniversary be very happy!

8 Place the corresponding past participle into the gaps making sure you have the correct agreement.

1 A conta já foi (pagar) _____ pelo senhor da mesa em frente.
2 Primeiro os ovos foram (bater) _____ com a manteiga.
3 A Carla tinha (gastar) _____ o seu dinheiro num fato novo.
4 Ela tinha (ir) _____ à festa do São João no ano anterior.
5 Eles tinham (pôr) _____ os presentes debaixo da árvore.
6 Essa mesa foi (montar) _____ pelo teu tio!
7 A partida foi (ganhar) _____ pela equipa do Porto.
8 As minhas irmãs foram (casar) _____ na mesma igreja.

9 Rewrite the sentences replacing the underlined text with the appropriate pronoun(s) in the correct position.

1 Quando dão <u>os presentes aos netos</u>?
2 Não apresento <u>a minha irmã a Carlos</u>!
3 Vendes-<u>me esse carro</u>?
4 Quem deu <u>os chocolates ao meu sobrinho</u>?
5 Ninguém quer <u>um pouco de bolo rei</u>?

6 Apresentas-nos <u>o teu irmão</u>?
7 Quem me comprou <u>a televisão</u>?
8 Enviaram <u>as flores à mãe da Rita</u>.

 LISTENING

10 Listen to the following descriptions of various members of a family. **Verdadeiro ou falso?**

Father	1	He retired when he was seventy.	V / F
	2	He plays football and badminton.	V / F
Sister	3	She was married ten years ago.	V / F
	4	She has two sons and a daughter.	V / F
Mother	5	She was director of a theatre company.	V / F
	6	She is older than her husband.	V / F
Cousin	7	She is a member of her local political party.	V / F
	8	She was head of the women's group of members of parliament.	V / F

11 Listen to some instructions on how to keep fit. Answer the following questions on the recommendations given.

1 Why should you eat a little chocolate?
2 What should you avoid in any food?
3 How much juice, coffee, or tea can you drink?
4 Which exercises are good for you?
5 Why is football not recommended?
6 What two things should you do a lot?

12 Listen to the following reading from a book on the recent history of Portugal and then fill in the grid giving the months and years when certain events happened.

	Month	Year
Revolution		
Joined Europe		
Hosted the Expo		
European presidency		

13 Joana is organizing a party for her parent's 25th
    anniversary and is discussing the arrangements with
    her brother. You'll take the part of her brother. Prepare
    the questions in the book first and join in the dialogue
    on the recording. Try to do it without looking at your
    notes.

Joana   Quem vamos convidar?
You   Say Aunt Rita, cousin Carlos, his brother-in-
        law, and Grandad.

Joana   Queres que eu compre a comida?
You   Say no, you'd like her to buy the flowers.

Joana   Compras tu o champanhe?
You   Say yes, you've already bought it.

Joana   O que vamos dar-lhes de presente?
You   Say 'I wish we had more money!'

Joana   Então um rádio, o que achas?
You   Say 'No, maybe we can give them a new
        television.'

Joana   Muito bem. E quem vai dar o brinde?
You   Say you'd like her to do that.

Joana   Óptimo! Já sei o que vou dizer.
You   Say OK, but tell her not to talk for hours and
        hours.

Answers

Unit 1

1 meeting; parting; parting; meeting; meeting
3 1 d; 2 a; 3 c; 4 b
7 A 1,3,5; B 1 Até logo. 2 Obrigada. 3 Muito bem.
8 um, um, uns, uma, umas
9 Dois chás e um pastel de natas, por favor. 2 Uma limonada e uma água mineral, por favor. 3 Dois cafés e uma cerveja, por favor. 4 Uma piza e dois bolinhos de bacalhau, por favor.
14 seis; nove; sete; três; vinte
15 2 dois; 12 doze; 20 vinte; 3 três; 13 treze; 30 trinta; 4 quatro; 14 catorze; 5 cinco; 15 quinze
16 sete, nove, dez; onze, dezasseis, dezoito; vinte e um, vinte e seis, vinte e nove
19 1 café; 2 restaurante; 3 pastelaria
20 Um café, um chá e dois bolos, por favor
21 1 F: coffee and a custard tart; 2 V; 3 V; 4 F: they're wonderful; 5 F: a customer of dona Rosa's; 6 F: a mineral water and a coffee
22 1 dona Rosa; 2 dona Rosa; 3 Sara; 4 dona Rosa; 5 Sara; 6 dona Rosa

Test
1 1 h; 2 c; 3 e; 4 b; 5 g; 6 d; 7 a; 8 f
2 a, f, b, d, c, e
3 um; uma; um; um; uma; um
4 1 três; 2 oito; 3 vinte e um; 4 trinta e seis; 5 trinta; 6 vinte e quatro; 7 treze; 8 doze; 9 dezoito
5 1 Três garrafas de sumo de laranja, por favor. 2 Um café e um pastel de natas, por favor. 3 Uma água mineral e uma cerveja, por favor. 4 Adeus. Até logo. 5 Boa noite a todos. 6 Bom dia. 7 Obrigado/a. 8 Boa noite! Até amanhã!

Unit 2

2 1 não; 2 sim; 3 sim; 4 não
3 B
7 Júlia Santos – onze; Francisco Moreira – doze
8 1 A reserva é para o fim de semana. 2 O hotel tem quartos vagos. 3 A reserva é para dois quartos individuais. 4 O quarto nº 12 fica em frente do quarto nº 11 5 O quarto nº 11 fica perto do bar.
12 a Portuguese; c French; e Irish; f English; h Italian; i Spanish

13 55 – cinquenta e cinco; 73 – setenta e três; 92 – noventa e dois; 88 – oitenta e oito; 47 – quarenta e sete; 70 – setenta; 64 – sessenta e quatro; 101 – cento e um; 60 – sessenta; 100 – cem
17 1 pousada; 2 pensão; 3 pensão; 4 piscina; 5 pousada; 6 pensão; 7 pousada; 8 pensão
18 1 pensão – é barata; 2 hotel – não é caro e tem parque de estacionamento; 3 hotel – fica perto do Porto; 4 pousada – é de interesse histórico; 5 pensão – é barata e fica perto do Porto
19 1 perto da pastelaria; 4 com duche; 5 desculpem; 8 é de Lisboa
20 1 perto; 2 parque de estacionamento; 3 perto; 4 piscina; 5 em frente
21 1 É de Lisboa. 3 É importante. 4 É produtor de televisão. 5 É jovem.

Test
1 1 estações; 2 italianos; 3 espanhóis; 4 escoceses; 5 pastéis
2 1 sou; 2 são; 3 é; 4 somos; 5 está; 6 estão; 7 estou; 8 estão; 9 és; 10 estamos
3 1 fico, ficas, fica, ficamos, ficam 2 encontro, encontras, encontra, encontramos, encontram
4 1 oitenta; 2 três; 3 cento; 4 quarenta e dois; 5 sete
5 1 Um quarto com duche, por favor. 2 O hotel é perto da estação? 3 É o quarto oitenta e três. 4 Eu chamo-me ... 5 Onde é a piscina?
6 1 da; 2 do; 3 da; 4 à; 5 ao

Unit 3

2 setecentos e cinquenta; mil; mil e duzentos; dois mil; dois mil e duzentos; três mil e quinhentos; cinco mil
3 1 Quanto; 2 Quanto; 3 Quantas; 4 Quanta; 5 Quantos
7 *Entradas*: sopa de legumes; bolinhos de bacalhau.
Pratos principais: pescada frita; sardinhas grelhadas; carne de porco com amêijoas.
Bebidas: vinho tinto; vinho branco
8 1 posso; 2 podem; 3 podemos; 4 podes; 5 pode
12 gelado de chocolate; café; aguardente velha; maçã assada
13 1 bebes; 2 comemos; 3 divido; 4 querem; 5 corre; 6 dividem; 7 decide; 8 partimos

14 queres, chocolate, nunca, gosto, maçã, bebes, Não

17 *peixe*: sardinhas grelhadas, bacalhau assado, caldeirada
marisco: arroz de marisco, lagostins grelhados.
carne: rojões à moda do Minho, frango de piri-piri, leitão assado, cozido à portuguesa

18 1 Quero caldo verde, leitão assado, rojões à moda do Minho, e mousse de chocolate, por favor. 2 Quero caldo verde, sardinhas grelhadas, e fruta, por favor. 3 Quero caldo verde, frango de piri-piri e fruta, por favor.

19 1 Jorge Santos; 2 Rodrigo; 3 Jorge Santos; 4 Sara; 5 Sara

20 a ela nunca come fritos; b nunca come porco; c nunca come legumes cozidos e não gosta de carne cozida

Test

1 1 d; 2 c; 3 b; 4 e; 5 a

2 1 b; 2 e; 3 j; 4 i; 5 a; 6 c; 7 f; 8 g; 9 h; 10 d

3 queres, há, gostas, posso, pode

4 1 quer; 2 tem; 3 corres; 4 parto; 5 posso; 6 discutimos; 7 bebem; 8 escrevemos; 9 têm; 10 dividimos

5 1 Há um restaurante perto do hotel? 2 Nunca como peixe. 3 Quero comer mousse de chocolate. 4 Não gosto de sardinhas. 5 Pode trazer o café, por favor?

6 1 quanto; 2 quem; 3 como; 4 onde; 5 quem; 6 quem; 7 quanto; 8 onde; 9 como; 10 quanto

Review 1

1 1 café = not food; 2 maçã = not a drink; 3 chocolate = not a fish dish; 4 a batata = not a course; 5 a pastelaria = not a place to stay

2 1 a, d, f; 2 b, h; 3 c, e, g

3 *Across*: POUSADA, PENSÃO, ESTAÇÃO
Down: HOTEL, BAR, BANCO

4 1 estás, queres; 2 quero, bebemos, está, fica; 3 gostas, posso, estou; 4 comemos, come; 5 bebe

5 1 estás; 2 conheces; 3 ao, queres; 4 gosta; 5 há, do; 6 da

6 1 Quero; 2 é; 3 Sou; 4 és; 5 têm

7 Female 1 Olá, <u>boa tarde</u>, é o Hotel Cascais?
Male 1 Sim, senhora. <u>Tem</u> reserva?
Female 1 Sim, tenho. Sou <u>Marta Fernandes</u>.
Male 1 Ah sim. É um quarto <u>individual</u>, não é?
Female 1 Sim.
Male 1 Pronto. É o quarto <u>setecentos</u> e vinte.
Female 1 Tem casa de banho completa?
Male 1 Sim, tem. E televisão, também.

Female 1 Ah, óptimo!
Male 1 De onde <u>é</u>?
Female 1 Sou de Gondomar.

8 1 Beside the station – near the Bank of Madeira; 2 10,000 escudos; 3 the room next door has a television; 4 a coffee or some tea; 5 a meal the next day; 6 get some money from the bank

9 Rodrigo Estou <u>perto da</u> rua Constituição. Queres carne ou peixe?
Sara Carne. <u>Quanto é</u> o porco?
Rodrigo Mil e quatrocentos escudos.
Sara É cara. Podes procurar frango.
Rodrigo <u>Não gosto</u> de frango. Não queres <u>peixe</u> então?
Sara Está bem. Comemos sardinhas.
Rodrigo Custam <u>setecentos</u> escudos.
Sara Óptimo.
Rodrigo Queres fruta ou legumes?
Sara Só fruta. <u>Temos</u> bananas; então, seis laranjas e oito <u>maçãs</u>.
Rodrigo E <u>sobremesa</u>? Queres pudim flan ou gelado?
Sara Gelado. Gosto <u>imenso</u>.
Rodrigo Pronto. É tudo?
Sara Sim.... Ah, não temos vinho. Tinto.
Rodrigo Pronto. <u>Duas</u> garrafas.

Unit 4

2 1 Lisboa; 2 comboio; 3 ida; 4 não fumadores; 5 intercidade

3 1 c; 2 e; 3 d; 4 a; 5 b

7 b

8 1 ir; 2 tenho; 3 subir/descer, virar, ir; 4 fica

9 1 subir; 2 virar; 3 continuar; 4 virar; 5 subir; 6 virar

13 1 kilometres to the nearest petrol station; 2 location of the petrol station; 3 litres of petrol she's going to buy; 4 location of the petrol station; 5 kilometres to the Algarve

16 1 V; 2 F: There are both state-run and privately owned coach companies. 3 V; 4 F: There are trams only in Lisbon and Oporto. 5 F: There are cacilheiros only in Lisbon.

17 1 1; 2 2; 3 1; 4 2

18 1 qual; 2 quantos; 3 quanta; 4 quanto; 5 quantas; 6 quais

19 A 1 toma; 2 É; 3 onde; 4 conhece; 5 guia
B 1 c; 2 d; 3 b; 4 e; 5 a

20 1 vai; 2 vai; 3 vai; 4 não; 5 vão; 6 não

Test

1 1 de, a, de, de, na, da, no, de, no, de

2 1 parto; 2 volto; 3 vai; 4 telefono; 5 vais

3 1 dá; 2 dão; 3 sei; 4 sabe; 5 vou; 6 vamos; 7 vem; 8 vêm; 9 tenho; 10 temos

4 1 Quantas casas tens? 2 Qual é o número do eléctrico? 3 Qual carro compras? 4 Quanta gasolina metes? 5 A quantos quilómetros fica?

5 1 A quantos quilómetros fica a próxima portagem? 2 Tenho de comprar um bilhete de comboio. 3 Vou à estação amanhã. 4 Quanta gasolina tenho de comprar? 5 Tem de continuar a direita.

6 1 antecipadamente; 2 claramente; 3 rapidamente; 4 imediatamente; 5 naturalmente; 6 aproximadamente; 7 principalmente; 8 publicamente; 9 normalmente; 10 antigamente

Unit 5

2 1 É de Faro. 2 Vive em Lisboa. 3 É uma cidade bonita. 4 Em Londres. 5 Adoram Lisboa.

3 1 c; 2 a; 3 d; 4 e; 5 b

7 1 Braga; 2 Lisboa; 3 Porto; 4 café; 5 fim de semana

8 1 A minha família; 2 As tuas reuniões; 3 O meu apartamento; 4 Os nossos bilhetes; 5 O estúdio dele

12 1 F: O prémio é um fim de semana na Serra da Estrela. 2 V; 3 F: A altitude máxima da Serra da Estrela é dois mil metros. 4 F: A Guarda é a cidade principal da Serra da Estrela.

13 1 Tenho-o. 2 Adivinhe-a. 3 Descreva-as. 4 Escrevo-a. 5 Tomo-o. 6 Bebo-as. 7 Como-os.

16 1 south; 2 inland; 3 Porto; 4 Guarda; 5 Funchal; 6 9

17 1 Bragança; 2 Faro; 3 Porto; 4 Lisboa; 5 Funchal; 6 Braga; 7 Aveiro; 8 Évora; 9 Viseu

18 1 pergunta; 2 onde; 3 sabe; 4 tirar; 5 têm; 6 atrasado; 7 engarrafamento

19 1 dona Rosa; 2 one of the other customers; 3 dona Rosa; 4 Sara; 5 Sara; 6 one of the other customers; 7 dona Rosa; 8 Sara

Test

1 1 trabalho; 2 fotógrafo; 3 ilha; 4 Serra

2 1 começar; 2 regressar; 3 conviver; 4 responder; 5 descrever; 6 perguntar; 7 viver; 8 pensar; 9 adorar; 10 sair

3 pensa, Adoro, é, Vivo, faz, Sou

4 1 teu; 2 minha; 3 sua; 4 nossos; 5 suas

5 1 come, coma; 2 pensa, pense; 3 descreve, descreva; 4 compra, compre; 5 escreve, escreva; 6 responde, responda; 7 pergunta, pergunte; 8 vive, viva; 9 regressa, regresse; 10 adivinha, adivinhe

6 1 Adora o apartmento? Sim, adoro-o. 2 Tem os números de telefone? Sim, tenho-os. 3 Compre aquelas casas! Compre-as! 4 Gosta da Serra da Estrela.

Descreva-a. 5 Estes são os nomes. Escreva-os.

Unit 6

2 1 bancos; 2 bancos; 3 lojas na Baixa; 4 lojas nos centros comerciais

3 1 Às onze e meia; 2 São duas e um quarto; 3 Na segunda; 4 À uma e dez da manhã; 5 Aos domingos

7 1 Susana gets up on weekdays. 2 Susana goes to bed. 3 Fátima will ring Susana to wake her up. 4 Fátima wants to go shopping. 5 Susana works. 6 Shops in the city centre close.

8 1 Deita-se às nove. 2 Levantamo-nos às seis. 3 Chamam-se Miguel e João. 4 Ela levanta-se cedo?

12 1 skirt; 2 shirt; 3 dress; 4 shirt; 5 dress

13 1 Quem diz isso? 2 O que é isso? 3 Queres isto? 4 Essa saia fica-te bem.

14 1 lhes; 2 me; 3 lhe; 4 te

17 1 centro comercial / hipermercado; 2 Baixa; 3 farmácia; 4 supermercado; 5 sapataria

18 1 abrem, estão; 2 está, Abre; 3 fecham, aberto; 4 abertos, Fecham

19 1F: A Sara não toma uma água mineral. 2 F: A Sara nunca se atrasa. 3 V; 4 F: A Praia da Maré fica a quarenta quilómetros.5 V; 6 F: O produtor de televisão vai telefonar à Sara.

20 1 b; 2 d; 3 a; 4 c

21 1 Ela levanta-se. Sai de casa. Vai ao ginásio. Toma o pequeno almoço na pastelaria.

Test

1 1 seis menos um quarto; 2 onze da noite; 3 cinco e um quarto; 4 meia noite e um quarto; 5 meio dia e meia

2 1 este; 2 estas; 3 essa; 4 esses; 5 aquilo

3 1 lhe; 2 me; 3 te; 4 nos; 5 lhes

4 1 Até que horas estão abertos? 2 Aberto todo o dia. 3 Fechado aos domingos. 4 Das nove às onze da manhã. 5 De segunda a sexta.

5 1 levantamo-nos; 2 deito-me; 3 sentas-te; 4 arrependem-se; 5 perde-se

6 1 d; 2 a; 3 e; 4 b; 5 c

7 1 farmácia; 2 sapataria; 3 supermercado; 4 ourivesaria; 5 café; 6 livraria; 7 mercado; 8 cinema; 9 banco; 10 restaurante

Unit 7

2 1 Está no comboio. 2 Vai a Coimbra. 3 Regressa ao fim da tarde. 4 Tem de confirmar a hora da reunião com a sua secretária.

3 1 c; 2 e; 3 b; 4 a; 5 d

7 1 b; 2 a; 3 a; 4 b

8 1 Pode; 2 queres; 3 Podem; 4 Pode;
5 quer

12 1 Zé phones Isabel. 2 Isabel phones Zé.
3 Isabel should ring Zé. 4 Isabel and Zé
should meet outside the cinema.

13 1 telefone-me; 2 o envie; 3 reserve-nos;
4 a confirme

16 1 Em Dublim está **mais** frio **do que** em
Paris. 2 Em Lisboa está **mais** frio **do que**
em Barcelona. 3 Em Helsínquia está mais
frio do que em Madrid. 4 Em Atenas
está **mais** quente **do que** em Roma. 5 Em
Istambul está **mais** quente **do que** em
Londres. 6 Em Berlim está **mais** frio **do
que** em Copenhaga.

17 1 *Lisboa* – sol e nuvens com ventos
moderados. 2 *Bruxelas* – sol e nuvens, a
temperatura vai descer. 3 *Amesterdão* –
nublado com ventos moderados.
4 *Londres* – nublado, com ventos fortes,
e a temperatura vai descer. 5 *Berlim* –
nevoeiro e a temperatura vai descer.
6 *Helsínquia* – está a nevar e a
temperatura vai descer. 7 *Dublim* – está
a chover com ventos fortes.

18 1 F: A Sara telefona ao João. 2 F: O
Jorge Santos vai telefonar à Sara. 3 V;
4 F: No norte de Portugal estão vinte e
cinco graus.5 V; 6 F: Na Inglaterra faz
frio. 7 F: A Sara não tem uma
constipação. 8 V

19 1 Não saiam sem guarda chuva. Não se
esqueçam de usar roupas quentes. Não
apanhem uma constipação.
2 Não saia sem guarda chuva. Não se
esqueça de usar roupas quentes. Não
apanhe uma constipação.

Test

1 1 Não me reserve um lugar no voo das
dez. 2 Não envie o fax à secretária do
senhor Soares. 3 Não lhe compre um
telemóvel. 4 Não telefones à agência de
viagens. 5 Não penses que não posso ir.

2 1 Pode reservar-me um lugar no voo
amanhã de manhã para o Porto? 2 Pode
reservar-me um lugar no avião que parte
às seis e cinco? 3 Não há um voo mais
cedo? 4 Pode reservar-me três lugares no
voo das onze e dez? 5 E pode enviar-me
um fax?

3 1 telemóvel 2 secretária 3 direcção
4 agência 5 reunião 6 fax 7 secção
8 assunto 9 projecto

4 1 d; 2 c: 3 j; 4 b: 5 g: 6 a: 7 e: 8 f; 9 i;
10 h

5 1 Lisboa fica mais longe do que
Glasgow. 2 Um telemóvel custa menos
do que um voo a Paris. 3 O vestido dela
é mais bonito do que o meu. 4 Estas
mangas são mais curtas. 5 Ele chega
sempre mais tarde do que o senhor
Pires.

Review 2

1 1 metro; 2 ele; 3 só; 4 quer; 5 prémio

2 1 táxi; 2 eléctrico; 3 comboio; 4 carro;
5 autocarro; 6 camioneta 7 avião;
8 barco; 9 metro; 10 cacilheiro

3 1 f; 2 d; 3 a; 4 g; 5 c; 6 b; 7 e
1 A Mafalda é fotógrafa. 2 A Clara e a
Paula são muito magras. 3 O Francisco e
o Paulo são electricistas. 4 O João e o
Miguel são portugueses. 5 O Carlos é
advogado. 6 A Joana e a Maria são
secretárias. 7 A Ana é boa médica.

4 1 está quente; 2 está frio; 3 está frio;
4 há trovoadas e está quente; 5 está frio

5 1 estão; 2 está; 3 Fica; 4 fica; 5 Estamos

6 1 vai; 2 temos; 3 podes; 4 dizem; 5 faço

7 1 Não fales; 2 Não venhas; 3 Não me
digas; 4 Não saia; 5 Não te preocupes

8 1 eu; 2 te; 3 lhe; 4 se; 5 mim; 6 os/as;
7 eles/elas

9 1 V; 2 F: He has to arrive before ten at
night. 3 V; 4 F: The coach is cheaper than
going by air. 5 V; 6 V; 7 F: Aveiro is
70 km from Oporto. 8 F: The agent
recommends the train. 9 F: Henrique
asks for a return ticket. 10 F: He chooses
first class.

10

	Cristina	Carlos	Judite
ARRIVAL day	terça	no domingo	no domingo
time	às nove e vinte e cinco da manhã	à meia noite	ao meio dia
DEPARTURE day	no sábado	na segunda próxima a	amanhã
time of day	à tarde	de manhã	à noite

Unit 8

2 1 a; 2 b; 3 b; 4 a

3 1 pagará; 2 utilizaremos; 3 marcarei;
4 saberei; 5 terás; 6 virá; 7 poderão;
8 subirás; 9 partiremos; 10 perderão

7 1 male 2 female 3 male 4 male 5 female

8 1 queriam; 2 precisávamos; 3 recebia;
4 tencionava; 5 demoravas; 6 abria;
7 podiam; 8 aguardavas; 9 partíamos;
10 sabiam

12 1 V; 2 F: Ele trabalha no banco. 3 V. 4 V;
5 F: Ele tem cinquenta anos. 6 F: Ele
agradece os conselhos.

13 1 Eu morava em Paris há cinco anos.
2 Ele mora em Paris há dez anos. 3 Eu
trabalhava em Angola há oito semanas.
4 Há seis dias eu abria uma conta
corrente no banco. 5 Há quinze anos
que eu quero um novo emprego!

16 *Son and daughter*: RTP1 18.00 – cartoon;
Father and son: RTP2 19.10 – sport;
Mother and daughter: RTP2 21.00 –
documentary; *Mother and father*: RTP2
21.30 – old film

17 1 d; 2 b; 3 c; 4 a

18 1 goste; 2 fale; 3 mereça; 4 conheça

19 *Balança*: 1, 4, 5; *Leão*: 2, 3, 6

20 1 Terás; 2 te; 3 Cuida ... tua .. faz.

Test

1 1 terei; 2 poderás; 3 precisarão;
4 chegará; 5 irão

2 1 Podia abrir uma conta corrente, por
favor? 2 Precisava dum cartão de crédito
também. 3 Queria enviar uma carta
registada para França. 4 Queria saber
quanto custa o selo para Brasil? 5 Podia
enviar esta encomenda também?

3 1 conta; 2 caixa; 3 cartão; 4 correio;
5 crédito; 6 cheque; 7 imposto; 8 selo;
9 encomenda; 10 carta; 11 registado;
12 banco; 13 cliente; 14 débito;
15 automático

4 1 para; 2 por; 3 para; 4 por; 5 por

5 1 Estudo Português há dez semanas.
2 Há nove anos. 3 Há dez dias.
4 Trabalho num supermercado há
dezassete anos! 5 Há três horas e meia.

6 1 escravam; 2 paga; 3 trabalhem;
4 coma; 5 vive

Unit 9

2 1 F: Dantes, a Diana tomava quatro ou
cinco cafés por dia. 2 V; 3 V; 4 F: Desde o
casamento não bebe ... quase nunca. 5 F:
O café não tira o sono ao Vicente.

3 1 Dormia toda a manhã. 2 Tínhamos
quinze anos quando morávamos em
Lisboa. 3 Bebias bastante quando eras
jovem. 4 Aonde iam nesse dia? 5 Vinha
ao parque todos os sábados.

7 1 Pedro; 2 Carlos; 3 Noémia; 4 Pedro;
5 Noémia; 6 Isabel.

8 1 Está a dormir. 2 Estamos a trabalhar.
3 Estão a estudar.

9 1 Nós estávamos a aprender cada dia
mais Português. 2 Eles estavam a pensar
o pior. 3 Tu estavas a trabalhar melhor
do que ele.

13 1 melhor; 2 mais altas; 3 aumento.

14 1 É a melhor mãe do mundo. 2 É o pior
advogado de Pernambuco. 3 São os
preços mais baixos de Setúbal. 4 Ele é o
homem mais trabalhador que conheço.
l5 És o rapaz mais alto da família.

17 1 Brazil; 2 Angola, Cape Verde Islands,
Guinea Bissau, Mozambique, São Tomé e
Príncipe; 3 Azores, Madeira, Portugal;
4 East Timor, Macao

18 1 tea; 2 bamboo; 3 bazaar; 4 kiosk;
5 lacquer; 6 vindaloo; 7 curry

19 1 both; 2 Cláudia; 3 Sara; 4 Sara;
5 Cláudia

20 1 A Sara acha que os tacões são
altíssimos? 2 Ela preferia uns sapatos
com tacão alto? 3 A Sara é muito alta?
4 A Sara queria ser modelo/advogada/
enfermeira/médica? 5 A Sara gostava de
brincar aos médicos e doentes?

Test

1 1 tinhas; 2 tínhamos; 3 éramos; 4 vinha,
5 vinham

2 1 o mais; 2 a ... mais; 3 mais ... da; 4 os
... mais ... do; 5 a ... mais; 6 o mais

3 1 altíssimo; 2 rapidíssimo; 3 gravíssimo;
4 importantíssimo; 5 caríssimo;
6 elegantíssimo; 7 docíssimo;
8 obrigadíssimo; 9 baratíssimo;
10 interessantíssimo

4 1 casamento; 2 marido; 3 mãe; 4 filha;
5 divorciado

5 1 O João é o melhor vendedor. 2 O
Carlos é o pior dentista. 3 O João é
melhor marido do que o Miguel. 4 A
Susana é pior mãe do que a Maria. 5 A
Clara é nem melhor nem pior que a
Joana.

6 1 Ele estava a falar com a sua mulher.
2 Estavas a desperdiçar os teus talentos
na secção de vendas. 3 Ela estava a
brincar com o seu filho. 4 Ele estava a
dormir depois dum bom jantar.
5 Estavam a pensar na sua filha.

Unit 10

2 yesterday – 1; yesterday and today – 2, 3,
4; not at all – 5

3 1 Doem-me os ouvidos. Tenho dor de
ouvidos. 2 Dói-me o estômago. Tenho
dor de estômago. 3 Dói-lhe a cabeça. Ela
tem dor de cabeça. 4 Dói-me a garganta.
Tenho dor de garganta.

7 1 Ela tem de tomar um comprimido três
vezes por dia. 2 Ela não deve conduzir e
não deve tomar bebidas alcoólicas. 3 Os
comprimidos são antibióticos. 4 Ela vai
telefonar ao médico. 5 O médico está no
consultório.

8 1 Tu devias saber – és o marido dela!
2 Você tem de tomar três comprimidos
cada duas horas. 3 Tens de telefonar à
Maria, ela está no hospital. 4 Não devias
conduzir – já bebeste dois uísques!

9 1 disseste; 2 estivemos; 3 tiveram; 4 teve

13 1 cansada; 2 dores; 3 emagrecer;
4 ginásio; 5 bolos; 6 fome; 7 deixar

14 1 She never stops taking exercise. 2 Stop
going to the gym, you don't need to
slim! 3 He has stopped taking the
medicine and become even more ill.
4 Don't fail to phone the clinic.

17 1 c; 2 b, d; 3 a; 4 c; 5 d; 6 d; 7 a

18 a 4; b 3, 4; c 1; d 2,1

19 *Vertical*: ténis, pesca, futebol, esqui,
ioga, montanhismo
Horizontal: vela, passeios, aeróbica,
natação

20 1 F: A Sara está na Urgência. 2 F: Ela
partiu o tornozelo. 3 V; 4 F: Ela quer ir às
aulas de aeróbica amanhã. 5 V; 6 F: O
médico vai receitar-lhe um anti-
inflamatório e um analgésico. 7 F: As
senhora só pensam na moda.

21 1 calcei; 2 caí; 3 engessou; 4 tive;
5 tomei; 6 visitou

Test

1 1 d; 2 c; 3 i; 4 h; 5 g; 6 b; 7 e; 8 a; 9 j; 10 f

2 1 O que disse o médico? 2 Quantos dias
tenho de tomar os comprimidos? 3 O
que são? 4 Devia telefonar ao médico?
5 Achas que ele está no consultório?

3 1 falaste; 2 falou; 3 bebi; 4 bebeu;
5 partiu; 6 teve; 7 tiveram; 8 estiveste;
9 estivemos; 10 dissemos

4 1 esqui 2 vela 3 ioga 4 pesca 5 aeróbica
6 natação 7 exercício 8 montanhismo
9 forma 10 emagrecer

5 1 teve; 2 precisaram; 3 sentiu;
4 regressámos; 5 senti; 6 gostei; 7 tive;
8 aconteceu; 9 deixou; 10 convenceste.

Review 3

1 1 a cabeça; 2 os ouvidos; 3 a garganta;
4 o estômago

2 1 natação; 2 esqui; 3 montanhismo;
4 pesca; 5 vela

3 1 d; 2 e; 3 b; 4 a; 5 c

4 1 c; 2 i; 3 e; 4 f; 5 h; 6 a; 7 b; 8 g; 9 d

5 1 pagavas; 2 pagávamos; 3 comprou;
4 comprámos; 5 tínhamos; 6 tinham;
7 perdeste; 8 perdeu; 9 senti; 10 sentiu

6 1 Há vinte anos eu tinha cinco anos.
2 Ele é o melhor médico. 3 Queria um
selo para o Brasil. 4 Não deves beber e
conduzir. 5 Podia falar com o Doutor
Pires, por favor?

7 1 Pagarei; 2 Terás; 3 Agradecerão; 4 Irão;
5 Precisarás; 6 será

8 1 altíssima; 2 rapidíssimo;
3 obrigadíssima; 4 fortíssimo;
5 docíssimo; 6 baratíssimo; 7 gravíssimo;
8 cansadíssimas.

9 *Leo*: an important meeting, promise of
money, a setback; be careful!
Libra: a journey; (an important meeting);
a holiday; romance

10 b; d, f; h

11 *London*: tall woman, bank, this morning;
Lisbon: short girl, post office, yesterday;
Paris: thin man, aerobic lesson, this
afternoon;
Madrid: nurse, hospital, last night
Luanda: nobody, nowhere, this evening

Unit 11

2 1 avô/neto; 2 tio/sobrinha; 3 mãe/filho;
4 cunhada/cunhado; 5 sobrinho/tia;
6 irmã/irmã

3 1 Não me lembro do tio Carlos. 2 Não
lhe dói a cabeça. 3 Não lhe disse tudo.
4 Não to dou amanhã. 5 Não o visitei
quando estive em Lisboa.

7 1 Pope John Paul II; 2 Vasco da Gama;
3 Nelson Mandela; 4 Margaret Thatcher

8 1 dois mil e dois; 2 mil novecentos e
noventa; 3 mil e oitocentos; 4 mil
novecentos e setenta e quatro

9 Parti de Lisboa em Junho de mil
novecentos e sessenta e um. 2 Nasceu
em mil novecentos e quarenta e nove.
3 Irei para o Brasil em Setembro. 4 Terá
cinquenta anos em Outubro de dois mil
e seis.

13 *False*: 1 vivia ~~em casa dos pais~~ – vivia
numa 'república'; 2 ~~não tinha amigos'~~ –
tinha muitos amigos; 3 começou a
interessar-se pela política em ~~1975~~
– começou a interessar-se pela política
em 1973; 4 ~~tinha um professor que era
um político famoso~~ – um professor
apresentou-lhe um político famoso

14 1 No dia quatro de Julho. 2 No dia vinte
e dois de Outubro. 3 No dia vinte e cinco
de Dezembro. 4 No dia um de
Novembro.

17

	quartos	garagem	jardim	piscina
moradia 1	6	para 4 carros	sim	sim
moradia 2	5	para 2 carros	sim	não
moradia 3	4	para 2 carros	sim	não

18 1 Praia da Rocha; 2 Loulé; 3 Faro

19 *Vertical*: lareira; moradia; garagem, sala;
cozinha
Horizontal: apartamento; quarto; venda;
piscina; jardim; aluguer

20 1 b; 2 d; 3 a; 4 b; 5 c

21 1 Chama-se João. 2 Estudou em
Coimbra. 3 Não. Estudou Medicina.
4 Sim, teve. 5 Não, não conheço.

Test

1 1 f; 2 d; 3 e; 4 h; 5 i; 6 c; 7 j; 8 a; 9 g; 10 b

2 1 c; 2 a; 3 d; 4 e; 5 b

3 1 mo; 2 lhas; 3 lho; 4 lhos; 5 no-los

4 1 fui; 2 foi; 3 vim; 4 veio; 5 viemos;
6 fizeste; 7 fez; 8 dei; 9 deu; 10 deram

5 1 Ela enviou-lha. 2 Apresento-lho.
3 Escrevo-lhas. 4 Deram-lho. 5 Enviaram-
ma. 6 Dão-no-los. 7 Enviaram-tas.
8 Apresento-ta. 9 Mostrou-no-las.
10 Deixou-tas.

6 1 B; 2 A; 3 A; 4 A; 5 B; 6 A; 7 A; 8 B; 9 B;
10 A

Unit 12

2 1 Beatriz; 2 Alda; 3 Beatriz e Alda; 4 Alda; 5 Tiago

3 1 Ela não sabia que eu tinha falado com o João. 2 Ele viu que já tínhamos comido. 3 Ela tinha chegado quando estávamos no cinema. 4 Ele disse que já tinha visto o filme. 5 Nós tínhamos dito que íamos ao concerto.

7 1 Helena has been a member of the club. 2 Helena attends the club. 3 Miguel plays tennis. 4 Miguel does bodybuilding. 5 Miguel jogs. 6 Helena swims.

8 1 Quase nunca vai à piscina. 2 Tenho de ir ao médico duas vezes por mês. 3 Nadamos todos os dias. 4 Tome os comprimidos duas vezes por dia.

9 1 d; 2 c; 3 b; 4 a

13 1 Quer ler o jornal. 2 Quer tocar violoncelo/Quer ensaiar para o concerto da próxima semana. 3 Quer jogar Monopólio. 4 Quer brincar às escondidas.

14 1 Ele tinha escrito a carta. 2 Tinham pago a conta ao empregado. 3 Ela tinha gasto todo o seu dinheiro. 4 Tínhamos feito o que pudemos.

15 1 Ela gosta de jogar badminton. 2 Tenho um amigo que toca piano. 3 Jogas xadrez? 4 Brinco com o meu filho tantas vezes como posso.

18 1 First as a rose, then as a flower, then as a mirror ... 2 No, not at all. 3 Maybe because she might become too full of herself. 4 As a dear 'present' or gift. 5 Maybe ...

19 No dia 13 ele ia ver *Frei Luís de Sousa*, mas não foi. Foi ouvir a fadista Mariazinha. No dia 14, ele foi ouvir Mahler e Lopes Graça. Telefonou à Ema. No dia 15, ele ia ver *Frei Luís de Sousa*, mas não foi. Foi ouvir um concerto de jazz. Jantou com a Ema. No dia 16, ele ia ouvir música popular portuguesa, mas o concerto foi adiado para sábado. No dia 17, ele foi ouvir música popular portuguesa. Jantou com a Ema.

20 1 A Sara é a modelo mais conhecida dos nossos leitores. 2 Ela convidou-nos para passar um dia com ela. 3 Ela é modelo há sete anos, desde os quinze. 4 Aos seis anos, ela queria ser polícia. 5 Ela não gosta de pensar no futuro. 6 Não podemos ainda anunciar o seu próximo programa de televisão. 7 No próximo ano, vão-se usar tacões altos, os mais altos de sempre.

21 estava; Esperava; perguntou; queria; disse; é

Test

1 1 agora mesmo; 2 ainda não; 3 por fim; 4 quase nunca; 5 de vez em quando

2 1 xadrez; 2 natação; 3 culturismo; 4 ténis; 5 futebol

3 1 quiseste; 2 quis; 3 pude; 4 pôde; 5 puderam; 6 pus; 7 pôs; 8 li; 9 leu; 10 soubeste

4 1 O João é tão velho como a Clara. 2 O Carlos não é tão rico como a Rita. 3 A Clara não é tão aplicada como o João. 4 O Pedro está tão doente como a Paula. 5 A Ana não está tão cansada como o Miguel.

5 1 O director tinha sido sócio do clube. 2 Eles tinham querido jogar xadrez. 3 Ela tinha pago a conta imediatamente. 4 Tínhamos regressado à piscina à uma da tarde. 5 Tinha ido ouvir um concerto sinfónico. 6 Eu tinha gostado imenso da comédia. 7 Ela tinha lido muitos artigos sobre a política. 8 Tínhamos comido depois de sair do cinema. 9 Tínhamos posto o dinheiro sobre a mesa. 10 Tinha visto o Artur a sair do teatro.

6 1 João, Ricardo; 2 Ricardo, Eduardo; 3 Rita, Eduardo; 4 Rita, Joana; 5 João, Eduardo

Unit 13

2 *recipe book*: 2, 3; *Helena's*: 1, 4

3 1 Bater os ovos. 2 Adicionar o açúcar. 3 Misturar a farinha com o chocolate. 4 Adicionar o leite.

7 1 F: As peças A são as partes laterais. 2 F: Aparafusa-se a peça B no ponto C. 3 V; 4 F: A estante tem cinco prateleiras. 5 F: A estante não tem pernas.

8 1 Alinham-se as quatro partes laterais. 2 Diz-se que uma estante não é fácil de montar. 3 Vendem-se mesas. 4 Primeiro lêem-se as instruções!

9 1 c; 2 d; 3 b; 4 a

13 1 o óleo é mudado 2 os pneus são substituídos 3 a pintura 4 vai ficar sem carro

14 1 O carro foi comprado pela Joana. 2 Os pneus foram mudados cada ano. 3 Os custos foram calculados pelo técnico. 4 A pintura foi feita ontem.

15 1 Talvez eu possa comprar um carro novo. 2 Talvez não custe muito. 3 Talvez o pneu esteja bem. 4 Talvez ele tenha algum conselho.

18 1 g; 2 f; 3 i; 4 h; 5 j; 6 c; 7 b; 8 d; 9 a; 10 e

19 aquecem-se num tacho ... deixa-se ferver um pouco ... retira-se do lume ... mergulham-se as fatias ... passam-se depois ... fritam-se em azeite ... põem-se as fatias ... regam-se com uma calda ... polvilham-se ...

20 *Vertical*: porto, queijo, pastel de nata, frango, bacalhau
Horizontal: piripiri, alheira, rojões, madeira, rabanadas

21 1 A dona Rosa não está nada impressionada. 2 A Sara vai ser conhecida em todo o país. 3 A Sara está enganada. 4 A dona Rosa anda muito atarefada.

22 Ela foi entrevistada por uma revista. O jornalista fez-lhe imensas perguntas. Na revista fala-se da sua carreira/da carreira dela e comentam-se os seus planos/os planos dela para o futuro. Ela contou à dona Rosa que foi entrevistada, mas acha que ela não está nada impressionada ...

Test

1 1 a; 2 d; 3 b; 4 e; 5 c

2 1 ovos; 2 açúcar; 3 água; 4 farinha; 5 claras; 6 chocolate; 7 manteiga; 8 gemas; 9 massa; 10 bolo

3 1 misture; 2 bata; 3 envolva; 4 Ligue; 5 Meta

4 1 <u>Lêem-se</u> as instruções. 2 <u>Alinham-se</u> as peças. 3 <u>Aparafusa-se</u> a peça D. 4 <u>Monta-se</u> a estante. 5 <u>Fica-se</u> contente.

5 1 O óleo foi mudado pelo técnico. 2 Os pneus foram substituídos. 3 A conta foi paga por ela imediatamente. 4 O carro foi vendido pela Joana. 5 O carro foi comprado pelo Carlos.

6 1 Talvez eu tenha tempo para ler. 2 Talvez eles adiem a entrevista. 3 Talvez ele não faça muitas perguntas. 4 Talvez ele não comente os meus planos. 5 Talvez ela não esteja nada impressionada.

7 1 <u>Dizem</u> / <u>Diz-se</u> que fritar um ovo é muito fácil. 2 <u>Vende-se</u> carro. 3 <u>Pensam</u> que não sei fazer o conserto. 4 <u>Dizem</u> / <u>Diz-se</u> que devia comprar um carro novo. 5 <u>Vendem-se</u> ovos frescos.

Unit 14

2 1 a Ritinha; 2 o bolo; 3 o pai e a mãe; 4 o avô Clemente; 5 o avô Clemente

3 1 Oxalá tenhas razão. 2 Oxalá ele chegue cedo. 3 Oxalá vivam muitos anos! 4 Oxalá nós ganhemos a partida. 5 Oxalá chova amanhã!

7 1 c; 2 c; 3 b

8 1 déssemos; 2 estivesses; 3 comesse; 4 tivesse

9 1 Embora eu estivesse em Portugal durante o Natal, não comi filhós. 2 Gostava que ele comprasse os presentes. 3 Talvez pusessem o bolo na mesa. 4 Ele queria que ajudássemos.

13 *Have done*: 2, 4, 5
Haven't done: 1, 3, 6, 7, 8

14 1 comessem; 2 vissem; 3 fosse; 4 gostassem

15 1 Oxalá (eu) pudesse ir ver a marcha popular! 2 Oxalá (eu) tivesse televisão! 3 Oxalá (eu) pudesse dançar com ela! 4 Oxalá fosse verdade!

18 *Natal*: bolo rei, filhós, rabanadas, árvore e presépio; Santos populares: sardinhas assadas; fogo de artifício; marchas populares; fogueiras; Fim de Ano: champanhe; fogo de artifício

19 1 No dia 24 de Junho. 2 É do Porto. 3 Na semana anterior ao dia de São João. 4 Pequenos quadrados de papel com uma quadra. 5 É um grande poeta português do século XX.

20 1 multidão/popular; 2 manjerico/folia

21 1 F: A Sara foi convidada para apresentar um programa de moda na televisão. 2 V; 3 V; 4 F: Vão brindar com champanhe. 5 F: A dona Rosa tem uma garrafa de champanhe. 6 V; 7 V; 8 F: Vão todos celebrar em casa da Sara.

22 1 Com certeza! 2 Adivinha! 3 Diz então.

Test

1 1 À tua /vossa saúde! 2 Feliz Natal! 3 Parabéns! 4 Combinado! 5 Que maravilha!

2 1 Natal; 2 São João; 3 aniversário; 4 Consoada; 5 Santo António

3 1 tenha; 2 sejam; 3 recebam; 4 vivam; 5 venha

4 1 tenha; 2 estejam; 3 convidássemos; 4 possam; 5 fôssemos

5 1 É possível que cheguemos tarde à festa da Ana. 2 É possível que trouxessem um bolo rei caseiro. 3 É possível que não queiram vir à Consoada. 4 É possível que os netos comessem todas as rabanadas. 5 É possível que assistissem aos fogos de artifício.

6 1 Queria que ele viesse. 2 Ela queria que eu fizesse um bolo. 3 Queríamos que a festa começasse às cinco. 4 Queriam que assistíssemos. 5 Queria que o bolo fosse feito de chocolate.

7 1 tivesses; 2 tivéssemos; 3 estivésseis; 4 estivessem; 5 fossem

Review 4

1 1 pneus; 2 os pneus; 3 o óleo; 4 o óleo; 5 a direcção

2 1 sobrinho; 2 filho; 3 neto; 4 prima; 5 mulher

3 1 d; 2 e; 3 b; 4 c; 5 a

4 1 Não me digas!; 2 Que confusão!; 3 Agora mesmo; 4 Feliz Natal!; 5 à tua/vossa saúde!

5 1 vinte e dois de Outubro de mil novecentos e quarenta e nove; 2 dois de Setembro de mil novecentos e cinquenta e dois; 3 um de Janeiro de dois mil e um;

4 trinta e um de Dezembro de mil
novecentos e noventa e nove; 5 quatro
de Julho de ano dois mil e cinco.

6 1 fosses; 2 fôssemos; 3 seja; 4 sejamos;
5 tivesse; 6 tivessem; 7 estivéssemos;
8 possas; 9 possam

7 1 Talvez o meu pai me compre um carro
novo. 2 Embora a minha tia tenha
noventa anos ela ainda está em boa
forma. 3 Oxalá pudesse ir à festa do
João. 4 Queria que me fritasse um ovo,
faz favor. 5 Oxalá o seu aniversário seja
muito feliz!

8 1 paga; 2 batidos; 3 gasto; 4 ido;
5 posto; 6 montada; 7 ganha; 8 casadas

9 1 Quando lhos dão? 2 Não lha
apresento! 3 Vendes-mo? 4 Quem lhos
deu? 5 Ninguém o quer? 6 Apresentas-
no-lo? 7 Quem ma comprou?
8 Enviaram-lhas.

10 *Father* 1 F; 2 F; *Sister* 3 V; 4 F; *Mother*
5 V; 6 F; *Cousin* 7 F; 8 V

11 Revolution: April 1974; Joined EEC
January 1986; Hosted the Expo May
1998; European Presidency January 2000.

12 1 it gives you energy; 2 fat; 3 any juice,
no coffee, a litte tea; 4 swimming and
yoga; 5 it can be dangerous; 6 exercise
and sleep

Grammar summary

Nouns

Gender

All Portuguese nouns are either masculine or feminine.

m	o **Canadá** Canada	o **comboio** train	um **amigo** friend
f	a **Escócia** Scotland	a **ponte** bridge	uma **amiga** friend

Plurals

Portuguese normally adds an **–s** to words ending in a vowel and **-es** to words ending in a consonant.

sing.	*pl.*
o **sapato** shoe	os **sapatos** shoes
a **noz** walnut	as **nozes** walnuts

Common exceptions

Words ending in **-m**: change **-m** to **-n** then add **-s**.

o **pudim** pudding   os **pudins** puddings

Words ending in **-l**: change **-l** to **-i** then add **-s**.

o **hotel** hotel   os **hotéis** hotels

Words ending in **-ão** have 3 possibilities:

– the majority change **-ão** to **-õe** then add **-s**.

a **nação** nation   as **nações** nations

– some just add **-s**.

a **mão** hand   as **mãos** hands

– a few change **-ão** to **-ãe** then add **-s**.

o **cão** dog   os **cães** dogs

The definite article

The Portuguese for 'the' is **o** with a masculine noun and **a** with a feminine noun. **o** and **a** change to **os** and **as** in the plural.

o **computador** computer   os **computadores** the computers

a **Itália** Italy   as **directoras** the women directors

The prepositions **a**, **de**, and **por** combine with the definite article.

a + o → ao	Ele vai **ao** mercado. He is going to the market.
a + a → à	Ontem fomos **à** praia. Yesterday we went to the beach.
de + o → do	O pai **do** João. John's father.
de + a → da	Ao lado **da** televisão. Beside the television.

por + o → pelo	Foi perseguido **pelo** leão. He was chased by the lion.
por + a → pela	Foi escrito **pela** tia dela. It was written by her aunt.

The indefinite article

The Portuguese for 'a' is **um** with a masculine noun and **uma** with a feminine. The plural form is **uns / umas** and is translated 'some'

um gato a cat	**uma cadeira** a chair
uns gatos (some) cats	**umas cadeiras** chairs

The prepositions **de** and **em** combine with the indefinite article.

de + um > dum	o irmão **dum** amigo – a friend's brother
de + uma > duma	em frente **duma** árvore – opposite a tree
em + um > num	Estavam **num** carro. They were in a car.
em + um > numa	Entrou **numa** loja. He went into a shop.

Adjectives

Agreement

Adjectives agree in number and gender with the noun they refer to. Plural forms generally follow the same rules as given for nouns on page 222.

	sing. m	*sing. f*	*pl. m*	*pl. f*
small	ele é	ela é	eles são	elas são
	pequeno	**pequena**	**pequenos**	**pequenas**

Some adjectives are irregular. For example:

	sing. m	*sing. f*	*pl. m*	*pl. f*
good	**bom**	**boa**	**bons**	**boas**
bad	**mau**	**má**	**maus**	**más**

Position

Adjectives are usually placed after the noun they describe.

> Têm uma filha **simpática**. They have a nice daughter.

There are, however, a few common adjectives which are usually placed before the noun – such as **bom, mau, primeiro, único, próximo**, and **último**, and also adjectives of quantity like **muito, pouco, algum, nenhum**.

> Faz **bom** tempo. It is fine weather.
> Esse foi o **último** comboio. That was the last train.
> Ela tem **poucas** amigas. She has few friends.

Possessive adjectives and pronouns

Possessive adjectives agree in number and gender with the noun they refer to. The form **o seu / a sua** can be ambiguous, so it is usually reserved for 'your'; for 'his, her, their' the Portuguese say 'the book *of him, of her, of them*' instead: **o irmão** *dele* ('his brother'), **a tia** *dela* ('her aunt'), **o carro** *delas* ('their car').

my		*our*	
o meu marido	my husband	**o nosso** carro	our car
a minha mulher	my wife	**a nossa** casa	our house
os meus filhos	my children	**os nossos** cães	our dogs
as minhas filhas	my daughters	**as nossas** mães	our mothers

your (singular informal)		*your (plural)*	
o teu irmão	your brother	**o vosso** irmão	your brother
a tua irmã	your sister	**a vossa** irmã	your sister
os teus irmãos	your brothers	**os vossos** irmãos	your brothers
as tuas irmãs	your sisters	**as vossas** irmãs	your sisters

your (singular formal)	
o seu irmão	your brother
a sua irmã	your sister
os seus irmãos	your brothers
as suas irmãs	your sisters

Demonstrative adjectives and pronouns

There are three demonstrative adjectives in Portuguese **este/esta** ('this'), **esse/essa** ('that near you'), and **aquele/aquela** ('that over there').

(sing. m)	*(sing. f)*	*(pl. m)*	*(pl. f)*
este	esta	estes	estas
esse	essa	esses	essas
aquele	aquela	aqueles	aquelas

Subject pronouns

eu	I	**nós** we	
tu	you (*informal*)		
ele	he	**eles** they	
ela	she	**elas** they	
você	you (*formal*)	**vocês** you (*plural*)	

Subject pronouns usually come before the verb and are normally only used for emphasis or in case of ambiguity.

Eu quero uma laranja e **tu**? I want an orange, and you?

1 The **tu** form is only used when speaking to a child or someone you know very well.
2 The **você** form is used when speaking to a person you don't know well.
3 When in doubt, use the **você** form.

4   The form **vocês** is used when speaking to a group of people, i.e. it is the plural for both **tu** and **você**.
5   **eles** refers to a group of males or mixed males and females.
6   **elas** refers to a group of females only.

Strong object pronouns

eu	**mim**	nós	**nos**
tu	**ti**		
ele	**ele**	eles	**eles**
ela	**ela**	elas	**elas**
você	**si**	vocês	**si**

Strong object pronouns are used after prepositions, such as **a**, **de**, **para**, **por**, or **sem**.

Esta carta é para **si**. This letter is for you.
Não vou sem **ti**. I'm not going without you.

com combines with the strong object pronouns as follows.

comigo	with me	**connosco**	with us
contigo	with you (*informal*)		
consigo	with you (*formal*)	**consigo**	with you (*plural*)

Object pronouns

Direct object pronouns

sing.		*pl.*	
me	me	**nos**	us
te	you (*informal*)		
o/a	him, her	**os/as**	them
o/a	you (*formal*)	**os/as** /**vos**	you (*plural*)

Note: **vos** and **os/as** are interchangeable for plural 'you'.

Indirect object pronouns

me	(to) me	**nos**	(to) us
te	(to) you (*informal*)		
lhe	(to) him/her/it (*formal*)	**lhes**	(to) them
lhe	(to) you	**lhes/vos**	(to) you (*plural*)

Note: **vos** and **lhes** are interchangeable for plural '(to) you'.

Object pronouns are linked by a hyphen to the *end* of the verb.

Gostas desta saia? Dou-**ta**. Do you like this skirt? I'll give it to you.
Diga-**me** o que ele fez? Tell me what he did.
Tinha-**os** comido. He had eaten them.

However, there are some situations where they go in front:
a after interrogative words
  Quando **o** viu? When did you see him?
b after negative words
  Não **as** quero. I don't want them.

The contraction of indirect + direct object pronouns

When the direct and indirect pronouns are used in the same sentence, the two pronouns often merge to form one word. Note that the indirect pronoun comes before the direct pronoun.

me + o/a/os/as → **mo/ma/mos/mas**	= it/them to me
te + o/a/os/as → **to/ta/tos/tas**	= it/them to you
lhe+ o/a/os/as → **lho/lha/lhos/lhas**	= it/them to him/her/you
nos + o/a/os/as → **no-lo/no-la/no-los/no-las**	= it/them to us
vos + o/a/os/as → **vo-lo/vo-la/vo-los/vo-las**	= it/ them to you
lhes+ o/a/os/as → **lho/lha/lhos/lhas**	= it/ them to them/you

Demonstrative pronouns

In addition to the masculine and feminine forms, there is a third 'neuter' form – 'this thing', 'that thing'.

isto this (thing) **isso** that (thing) **aquilo** that (thing)

que

The Portuguese word **que** can be translated as 'which', 'that', or 'who'. Unlike English, it cannot be omitted in Portuguese.

O dinheiro **que** te dei. The money (that) I gave you.

Prepositions

em + *location*

Portuguese doesn't differentiate between 'in', 'on' and 'at' when using **em** to express where something is located.

Encontrei a minha mãe **na** estação. I found my mother **at/in** the station.

Está **no** prato. It is **on** the plate.

de

de is used to express possession.

o marido **da** Ana   Ann's husband [the husband of Ann]

de + *means of transport*

de is used to refer to means of transport.

de carro by car   **de camioneta** by coach
de comboio by train   **de avião** by plane

However, **a** is used in the following cases:

a pé on/by foot   **a cavalo** on horseback

a/para + *destination*

When used in travel to a place, **a** implies a *temporary* destination whereas **para** implies the *final* destination:

Vai primeiro **a** Paris e logo **para** Lisboa. He is off to Paris first then to Lisbon.

Adverbs

Adverbs in -mente

Regular Portuguese adverbs are formed by adding the ending
-mente to the feminine form of the relevant adjective.

Adjective			Adverb	
(*m*)	(*f*)			
lento	**lenta**	slow	**lentamente**	slowly
normal	**normal**	normal	**normalmente**	normally

Comparatives and superlatives

Comparatives

When making a comparison, you use the following phrases.

mais ... (do) que Uma casa é **mais** confortável **do que** uma
tenda.
A house is more comfortable than a tent.

menos ... (do) que A água é **menos** cara **que** o vinho.
Water is less expensive than wine.

tão ... como O metro é **tão** rápido **como** o autocarro.
The underground is as fast as the bus.

tanto ... como Ela gosta **tanto** do café **como** eu.
She likes coffee as much as I do.

Superlatives

The equivalent of 'the most ...'/ 'the least ...' in Portuguese is
o/a/os/as ... mais/menos.

> Ele comprou **a** casa **mais** cara. He bought the dearest house.
> Ela prefere **os** sapatos **menos** caros. She prefers the least
> expensive shoes.

After a superlative 'in' is translated by **de/do/da/dos/das**:

> São **as** mulheres **mais** independentes *do* mundo. They're the
> most independent women in the world.

Irregular comparatives and superlatives

bom/boa	bons/boas	good	mau/má	maus/más	bad
melhor	melhores	better	pior	piores	worse
o/a melhor	os/as melhores	the best	o/a pior	os/as piores	the worst

grande	big	**pequeno**	small	
maior	bigger	**menor**	smaller	
o/ maior	the biggest	**o/a menor**	the smallest	

> Ela é **a melhor** estudante de todas. She is the best student of all.
> Ela é **maior** do que ele She is bigger than him.

Negatives

The most common negatives are **não** ('not'), **já não** ('not ... any
more', 'no ... longer'), **nada** ('nothing'), **ninguém** ('nobody'),

nenhum/a ('not any', 'none'), and **nunca** ('never'). **não** must be placed before the verb if **nada**, **ninguém**, **nenhum**, or **nunca** come after the verb.

Não entendo **nada**. I don't understand anything.
Já não fumo. I don't smoke any more.
Não como **nunca** chocolates. I never eat chocolates.

Numbers

1 **um/uma**	13 **treze**	40 **quarenta**	
2 **dois/duas**	14 **catorze**	41 **quarenta e um/uma**	
3 **três**	15 **quinze**	42 **quarenta e dois/duas**	
4 **quatro**	16 **dezasseis**	50 **cinquenta**	
5 **cinco**	17 **dezassete**	51 **cinquenta e um/uma**	
6 **seis**	18 **dezoito**	60 **sessenta**	
7 **sete**	19 **dezanove**	70 **setenta**	
8 **oito**	20 **vinte**	80 **oitenta**	
9 **nove**	21 **vinte e um/uma**	90 **noventa**	
10 **dez**	22 **vinte e dois/duas**	100 **cem**	
11 **onze**	23 **vinte e três, etc**	101 **cento e um/uma**	
12 **doze**	30 **trinta**	102 **cento e dois/duas**, etc.	
200 **duzentos/as**		800 **oitocentos/as**	
300 **trezentos/as**		900 **novecentos/as**	
400 **quatrocentos/as**		1000 **mil**	
500 **quinhentos/as**		2000 **dois mil**	
600 **seiscentos/as**		2001 **dois mil e um**	
700 **setecentos/as**		1000000 **um milhão**	

Verbs

The present tense

Portuguese mainly uses the simple form of the present tense, so **trabalho** is the equivalent of both 'I work' and 'I am working'.

To form the present add the endings:

-ar verbs	**-o, -as, -a, -amos, -am**
-er verbs	**-o, -es, -e, -emos, -em**
-ir verbs	**-o, -es, -e, -imos, -em**

	falar – to speak	**comer** – to eat	**partir** – to leave
(eu)	**falo**	**como**	**parto**
(tu)	**falas**	**comes**	**partes**
(ele/ela; você)	**fala**	**come**	**parte**
(nós)	**falamos**	**comemos**	**partimos**
(eles/elas; vocês)	**falam**	**comem**	**partem**

The imperative

The imperative is used to give orders or instructions or to express requests.

Positive commands
singular   informal   *formal*
            fala come parte   **fale coma parta**
     Telefona-me. Give me a ring.   **Telefone**-me. Give me a ring.
     Abre a porta. Open the door.   **Abra** a porta. Open the door.

plural informal and formal   **falem comam partam**
     Telefonem-me. Give me a ring.
     Abram a porta. Open the door.

Negative commands
All negative imperatives use *subjunctive* forms. See pages 231–234
for details of how this is formed.

The imperfect tense
The imperfect tense has three main uses.

1   It can describe something that either went on for some time or
    used to happen regularly or frequently in the past.

2   It can be used to describe what was happening or what the
    situation was when something else happened.

3   It is frequently used in place of the English 'I would'.

To form the imperfect tense, add the endings:

-ava, -avas, -ava, -ávamos, -avam   to the stem of **-ar** verbs
-ia, -ias, -ia, -íamos, -iam   to the stem of **-er** and **-ir**
                                          verbs

	falar	comer	partir
(eu)	fal*ava*	com*ia*	part*ia*
(tu)	fal*avas*	com*ias*	part*ias*
(ele/ela; você)	fal*ava*	com*ia*	part*ia*
(nós)	fal*ávamos*	com*íamos*	part*íamos*
(eles/elas; vocês)	fal*avam*	com*iam*	part*iam*

The preterite
The preterite tense is used to describe a single completed event or
action which took place in the past. The preterite tense in
Portuguese can be translated 'I have done' and 'I did'.

To form the preterite tense, add the endings:
-ei, -aste, -ou, -ámos, -aram   to the stem of **-ar** verbs
-i, -este, -eu, -emos, -eram   to the stem of **-er**
-i, -iste, -iu, -imos, -iram   to the stem of **-ir** verbs

	falar	comer	partir
(eu)	fal*ei*	com*i*	part*i*
(tu)	fal*aste*	com*este*	part*iste*
(ele/ela; você)	fal*ou*	com*eu*	part*iu*
(nós)	fal*ámos*	com*emos*	part*imos*
(eles/elas; vocês)	fal*aram*	com*eram*	part*iram*

Partiram ontem para o Brasil. They left for Brazil yesterday.

Past participles

Past participles are needed to form the pluperfect and for passive constructions. To form regular participles add:

-**ado**/a to the stem of -**ar** verbs: **cham***ado* called
-**ido** to the stem of -**er** /-**ir** verbs: **com***ido* eaten, **part***ido* departed

Irregular participles

abrir	aberto	opened	gastar	gasto	spent
cobrir	coberto	covered	pagar	pago	paid
dizer	dito	said	pôr	posto	put
escrever	escrito	written	ver	visto	seen
fazer	feito	done	vir	vindo	come
ganhar	ganho	won			

In passive constructions with **ser** and the descriptions with **estar**, you need to make the past participle agree with the subject: add an -**a** when it is feminine, and/or an -**s** when it is plural.

> A factur*a* **foi pag*a*** ontem. The bill was paid yesterday.
> A farmáci*a* **estava abert*a***. The chemist's was open.

Pluperfect

It is formed as in English by taking the imperfect of 'to have' (**ter**) and adding the past participle.

> Eles *tinham* **com***ido*. They had eaten.

Present tense + *há*

English uses 'for' to express an extent of time in the past and a verb in the past tense. Portuguese uses **há** with the present tense.

> **Estou** aqui **há** várias horas. I have been here for several hours.

The future

In Portuguese, the future tense itself is usually avoided in the spoken language.

1 You can use the present tense with an appropriate time expression to refer to a future action or event (as in English).

   Partimos na segunda-feira. We're going away on Monday.

2 You can use **ir** + infinitive to say what's going to happen.

   Ela **vai** ter connosco ao cinema. She's going to meet us at the cinema.

To form the future of regular verbs, the following endings are added to the infinitive: -**ei**, -**ás**, -**á**, -**emos**, -**ão**

	falar	comer	partir
(eu)	fala*rei*	come*rei*	parti*rei*
(tu)	fala*rás*	come*rás*	parti*rás*
(ele/ela; você)	fala*rá*	come*rá*	parti*rá*
(nós)	fala*remos*	come*remos*	parti*remos*
(eles/elas; vocês)	fala*rão*	come*rão*	parti*rão*

The subjunctive

The subjunctive has many uses. There has not been space to cover them all, but the ones you are most likely to need are:

– in clauses after a *negative opinion*

Não acho que **tenhas** razão. I don't think you are right.

– after **talvez**

Talvez venham hoje. Maybe they will come today.

– after **embora**

Embora seja verdade, não aceito o que disseste. Although it is (*may be*) true, I cannot accept what you said.

– with **oxalá** in wishes

Oxalá tivesse muito dinheiro! I wish I had lots of money!

– in the *imperative* (see page 228) for direct commands.

Present subjunctive

In regular verbs the endings are simply swapped between **-ar** and **-er/-ir** verbs.

	falar	beber	partir
(eu)	fale	beba	parta
(tu)	fales	bebas	partas
(ele/ela; você)	fale	beba	parta
(nós)	falemos	bebamos	partamos
(eles/elas; vocês)	falem	bebam	partam

Imperfect subjunctive

The imperfect subjunctive is formed from the 3rd person plural of the preterite. The **-ram** ending is removed and the following added:

-sse, -sses, -sse, -ssemos, -ssem

falar - fala**ram**	fala**sse**, fala**sses**, fala**sse**, fal**ássemos**, fala**ssem**
comer - come**ram**	come**sse**, come**sses**, come**sse**, com**êssemos**, come**ssem**
partir - parti**ram**	parti**sse**, parti**sses**, parti**sse**, part**íssemos**, parti**ssem**

Irregular verbs

ser ('to be') – used to describe essential features which are usually long-lasting. It is also used to form the *passive* (see page 187).

Ele **é** uma pessoa feliz. He is a happy person.

A conta **foi** paga pela Ana. The bill was paid by Ana.

	indicative			subjunctive
		imperfect	preterite	present
eu	sou	era	fui	seja
tu	és	eras	foste	sejas
ele/ela; você	é	era	foi	seja
nós	somos	éramos	fomos	sejamos
eles/elas; vocês	são	eram	foram	sejam

estar ('to be') – used to describe a temporary state which could soon change. It is also used to form the *continuous tenses* of verbs (see pages 81 & 127).

Ela está contente. She is happy.
Ela **estava a** pagar a conta. She was paying the bill.

	indicative			subjunctive
	present	imperfect	preterite	present
eu	estou	estava	estive	esteja
tu	estás	estavas	estiveste	estejas
ele/ela; você	está	estava	esteve	esteja
nós	estamos	estávamos	estivemos	estejamos
eles/elas; vocês	estão	estavam	estiveram	estejam

ter ('to have')

ter is also used to form tenses such as the *pluperfect* (see page 230).

Tinha comprado um carro. I had bought a car.

	indicative			subjunctive
	present	imperfect	preterite	present
eu	tenho	tinha	tive	tenha
tu	tens	tinhas	tiveste	tenhas
ele/ela; você	tem	tinha	teve	tenha
nós	temos	tínhamos	tivemos	tenhamos
eles/elas; vocês	têm	tinham	tiveram	tenham

ir ('to go')

	indicative			subjunctive
	present	imperfect	preterite	present
eu	vou	ia	fui	vá
tu	vais	ias	foste	vás
ele/ela; você	vai	ia	foi	vá
nós	vamos	íamos	fomos	vamos
eles/elas; vocês	vão	iam	foram	vão

vir ('to come')

	indicative			subjunctive
	present	imperfect	preterite	present
eu	venho	vinha	vim	venha
tu	vens	vinhas	vieste	venhas
ele/ela; você	vem	vinha	veio	venha
nós	vimos	vínhamos	viemos	venhamos
eles/elas; vocês	vêm	vinham	vieram	venham

dizer ('to say')

	indicative			subjunctive
	present	imperfect	preterite	present
eu	digo	dizia	disse	diga
tu	dizes	dizias	disseste	digas
ele/ela; você	diz	dizia	disse	diga
nós	dizemos	dizíamos	dissemos	digamos
eles/elas; vocês	dizem	diziam	disseram	digam

fazer ('to do', 'to make')

	indicative			subjunctive
	present	imperfect	preterite	present
eu	faço	fazia	fiz	faça
tu	fazes	fazias	fizeste	faças
ele/ela; você	faz	fazia	fez	faça
nós	fazemos	fazíamos	fizemos	façamos
eles/elas; vocês	fazem	faziam	fizeram	façam

dar ('to give)

	indicative			subjunctive
	present	imperfect	preterite	present
eu	dou	dava	dei	dê
tu	dás	davas	deste	dês
ele/ela; você	dá	dava	deu	dê
nós	damos	dávamos	demos	demos
eles/elas; vocês	dão	davam	deram	dêem

pôr ('to put)

	indicative			subjunctive
	present	imperfect	preterite	present
eu	ponho	punha	pus	ponha
tu	pões	punhas	puseste	ponhas
ele/ela; você	põe	punha	pôs	ponha
nós	pomos	púnhamos	pusemos	ponhamos
eles/elas; vocês	põem	punham	puseram	ponham

poder ('to be able to')

	indicative			subjunctive
	present	imperfect	preterite	present
eu	posso	podia	pude	possa
tu	podes	podias	pudeste	possas
ele/ela; você	pode	podia	pôde	possa
nós	podemos	podíamos	pudemos	possamos
eles/elas; vocês	podem	podiam	puderam	possam

querer ('to want')

	indicative			subjunctive
	present	imperfect	preterite	present
eu	quero	queria	quis	queira
tu	queres	querias	quiseste	queiras
ele/ela; você	quer	queria	quis	queira
nós	queremos	queríamos	quisemos	queiramos
eles/elas; vocês	querem	queriam	quiseram	queiram

ver ('to see')

	indicative			subjunctive
	present	imperfect	preterite	present
eu	vejo	via	vi	veja
tu	vês	vias	viste	vejas
ele/ela; você	vê	via	viu	veja
nós	vemos	víamos	vimos	vejamos
eles/elas; vocês	vêem	viam	viram	vejam

ler ('to read')

	indicative			subjunctive
	present	imperfect	preterite	present
eu	leio	lia	li	leia
tu	lês	lias	leste	leias
ele/ela; você	lê	lia	leu	leia
nós	lemos	líamos	lemos	leiamos
eles/elas; vocês	lêem	liam	leram	leiam

saber ('to know [a fact]')

	indicative			subjunctive
	present	imperfect	preterite	present
eu	sei	sabia	soube	saiba
tu	sabes	sabias	soubeste	saibas
ele/ela; você	sabe	sabia	soube	saiba
nós	sabemos	sabíamos	soubemos	saibamos
eles/elas; vocês	sabem	sabiam	souberam	saibam

Vocabulary

A

	aberto/a	open
	abrir	to open
	aceitar	to accept
	acertar	to get right
	achar	to think, to find
	acontecer	to happen
	acordar	to wake up
	acreditar	to believe
o	açúcar	sugar
	adeus	goodbye
	adiar	to postpone
	adicionar	to add
	adivinhar	to guess
	adorar	to love
o/a	advogado/a	lawyer
o	aeroporto	airport
	afinar	to adjust
a	agência de viagens	travel agent
	agora (mesmo)	(right) now
	Agosto	August
	agradável	pleasant
	agradecer	to thank
a	água	water
a	água mineral	mineral water
o	aguaceiro	shower (of rain)
	aguardar	to wait
	ainda não	not yet
	com a ajuda de	with the help of
	ajudar	to help
a	aldeia	village
a	alegria	happiness, joy
	alinhar	to align
	almoçar	to have lunch
	alto/a	tall, high
o	aluguer	let, hire
	amanhã	tomorrow
	amarelo/a	yellow
o	ambiente	atmosphere
o/a	amigo/a	friend
	andar em	to be showing in [cinema, movie theatre], to attend
o	aniversário	anniversary, birthday
o	ano	year
	antecipadamente	beforehand
	antigo/a	old, ancient
	anunciar	to announce
	aonde?	where ... to?
	apanhar	to catch
o	apartamento	flat, apartment
	aplicado/a	hard-working
	aprender	to learn

	apresentar	to introduce
	aquecer	to heat
	aquele/aquela/aquilo	that (those) [over there]
	aqui	here
	arranjar	to find, to get
	arrasado/a	worn out
	arrepender-se	to regret
o	arroz	rice
a	articulação (pl. -ões)	joint
o	artigo	article
a	árvore	tree
	assado/a	roast, baked
	assim	like this, this way
o	assunto	matter, subject
	atarefado/a	busy
	até a	until
	até amanhã	see you tomorrow
	até logo	see you later
a	aula	class, classroom
o	aumento	increase, raise
a	auto-estrada	motorway, highway
o	autocarro	bus
a	avenida	avenue
o	avião (pl. -ões)	plane
os	avós	grandparents
o	azeite	olive oil

B

o	bacalhau	(dried salted) cod
o	bailado	ballet
a	Baixa	city centre
	baixo/a	small, short
o	banco	bank
o	bar	bar
	barato/a	cheap
o	barco	boat
	barrar	to grease
	bastante	quite a lot of
a	batata	potato
	bater	to beat
	beber	to drink
a	bebida	drink
	bem	fine, well
o	bilhete de ida e volta	return ticket, round trip ticket
a	bilheteira	ticket office
	boa noite	good evening, good night
	boa sorte	good luck
	boa tarde	good afternoon
o	bolo	cake

235

	bom apetite!	enjoy your meal!
	bom dia	good morning
	bom/boa	good
	bonito/a	pretty
o	braço	arm
	brincar	to play [children]
	brindar a	to toast
o	brinde	toast

C

	cá	here
a	cabeça	head
a	cabine	phone box, phone booth
o	cacete	baguette
um	café	café; a (cup of) black coffee
	cair	to fall
o	caixa automático	cashpoint, ATM
	calçar	to put on shoes
a	calda	syrup
a	caldeirada	fish stew
	calmo/a	calm
o	calor	heat
a	camioneta	coach, bus
a	camisa	shirt
	cansado/a	tired
o	canto	corner
a	carne	meat
	caro/a	expensive
a	carreira	career
o	carro	car
a	carta dos vinhos	wine list
o	cartão de crédito	credit card
o	cartão de débito	debit card
	casado/a	married
o	casamento	marriage, wedding
	casar (com)	to marry
	caseiro/a	home-made
	causar	to cause
	cedo	early
	celebrar	to celebrate
	cem	one hundred
o	centro comercial	shopping centre
a	cerveja	beer
	chamar-se	to be called
	chegar	to arrive
o	cheque	cheque
	chover	to rain
em	cima de	on (top) of
	cinco	five
o	ciúme	jealousy
	claro	of course
a	clara	egg white
o/a	cliente	customer
o	clube	club
a	coisa	thing
a	coluna	spine
	com certeza	certainly
	combinado!	done!, it's a deal!
o	comboio	train

	começar a	to begin to
a	comédia	comedy
	comentar	to comment
	comer	to eat
o	comércio	business
	como	like
	como está?	how are you?
	como?	how?
	comprar	to buy
(ir)	às compras	(to go) shopping
	compreender	to understand
	comprido/a	long
o/a	concorrente	contestant
	conduzir	to drive
a	confirmação	confirmation
	confirmar	to confirm
	conhecer	to know [a person or a place]
	conhecido/a	well-known
	conseguir	to be able to
o	conselho	advice
o	conserto	repair
uma	constipação	cold
o	consultório	doctor's (practice)
a	conta	bill, check
a	conta (corrente)	(current, checking) account
	contar	to tell
	continuar	to continue, to carry on
o	conto	1,000 escudos
	pelo contrário	on the contrary
	convencer	to convince
o/a	convidado/a	guest
	convidar	to invite
o	convite	invitation
	conviver com	to socialize with
o	corpo	body
	pelo correio	by post, by mail
os	correios	post office
	correr	to run
	cortar	to cut
o	cozido	stew
a	cozinha	kitchen
	cozinhar	to cook
	crescido/a	grown up
	com cuidado	carefully
	cuidado!	watch out!
	cuidar de	to take care
a	culinária	cooking
o	culturismo	bodybuilding
o/a	cunhado/a	brother-in-law/sister-in-law
	curto/a	short
	custar	to cost
o	custo	cost

D

os	dados	data, details

	dantes	before, in the past
	dar	to give
	de onde é?	where is he/she from?
	debaixo de	under(neath)
	decidir	to decide
	deitar	to throw
	deitar-se	to go to bed
	deixar	to leave
	deixar de	to stop, to leave off; to fail to
	delgado/a	thin
	delicioso/a	delicious
	demorar	to take time
o	dente	tooth
o/a	dentista	dentist
	dentro de	inside; within
o	desafio	challenge
	descansar	to rest
	descer	to go down
o	descobrimento	discovery
	descrever	to describe
	desculpe!	excuse me!, sorry!, pardon?
	desejar	to want, to wish
os	desenhos animados	cartoon
o	desfile de moda	fashion show
	desistir	to give up
	desmotivado/a	lacking incentive
	despachar-se	to hurry up
	despedir-se	to quit one's job
	desperdiçar	to waste
o	desporto	sport
	dever	must, to have to
	dez	ten
o	dia	day
o	dia-a-dia	daily routine
o	dinheiro	money
a	direcção	steering
à	direita	(to the) right
o	direito	straight on
	discutir	to discuss, to argue
	divertido/a	amusing, entertaining
	divertir-se	to enjoy oneself
a	dívida	debt
	dividir	to divide, to split
	divorciado/a	divorced
	dizer	to say
	do que	than
	doce	sweet
a	doçura	sweetness
o/a	doente	patient
	doente	ill
	doer	to hurt
	dois/duas	two
o	domingo	Sunday
	Dona	Mrs
a	dor	pain
	dormir	to sleep
a	dose	portion

a	duche	shower
	durante	during

E

	e	and
	é de / são de	(he/she) is from / (they) are from
	é engano	wrong number
	ele/ela	he/she
	eles / elas	they [m/f]
o/a	electricista	electrician
o	eléctrico	tram, streetcar
	em frente de	opposite
	emagrecer	to lose weight
	embora	although
o	emprego	job
a	empresa	company
o	empresário	business man
	encantado/a	delighted
	encontrar	to find
	encontrar-se	to meet
o	encontro	meeting
o/a	enfermeiro/a	nurse [m/f]
	estar enganado/a	to be wrong
o	engano	mistake
é	engano	wrong number
o	engarrafamento	traffic jam
	engessar	to put in plaster
	enjoado/a	sick, nauseous
	enorme	huge
	enquanto	while
	enriquecer	to enrich
	ensaiar	to rehearse
	então	so
a	entrada	starter, appetizer
	entre	between
a	entrevista	interview
	enviar	to send
	escocês/escocesa	Scottish
	escrever	to write
	espanhol/espanhola	Spanish
as	especialidades	specialities
	esperar por	to wait for
	espiritual	spiritual
	esquecer-se de	to forget
à	esquerda	(to the) left
	esse/essa/isso	that (near you)
	está?, está	hello?, hello [on phone – when calling, when answering]
	está a chover	it's raining
	está a nevar	it's snowing
	está bem	alright
	está bom tempo	it's fine
	está calor	it's hot
	está frio	it's cold
	está nublado	it's cloudy
	está quente	it's hot
	está vento	it's windy
a	estação (pl. -ões)	station
a	estação de serviços	petrol station, gas station

237

a	estante	bookcase
	estar à espera	to be waiting
	estar com pressa	to be in a hurry
	estar de dieta	to be on a diet
	este/esta	this
	estender-se	to spread
o	estômago	stomach
	estragar-se	to get spoilt
a	estrela	star
o/a	estudante (*m/f*)	student
	estudar	to study
	eu	I
a	Europa	Europe
o	exercício	exercise
o	êxito	success
	experimentar	to try on
	externo/a	external

F

	fácil	easy
	falar	to speak
	falecer	to die
	falso/a	false, untrue
a	falta de ar	shortness of breath
a	família	family
	famoso/a	famous
a	farinha	flour
o	farmacêutico	pharmacist, chemist
a	farmácia	chemist's, drugstore
a	fatia	slice
o	fax	fax
	fazer escala	to stop over
	fazer exercício	to exercise
a	febre	temperature, fever
	fechado/a	closed
	fechar	to close
o	feito	deed
a	felicidade	happiness
	feliz	happy
	ferver	to boil [*liquid*]
a	festa	festival
	fica-te bem	it suits you
	ficar	to be [*location*]
o/a	filho/a	son/daughter
os	filhos	sons and daughters, children
o	filme	film, movie
o	fim	end
por	fim	at last, lastly
o	fim de semana	weekend
no	final	at the end
	fingir	to pretend
a	flor	flower
o	fogo de artifício	fireworks
a	fogueira	fire
a	forma	way, form; (cooking) mould

em	forma	fit, in good shape
o	forno	oven
	forte	strong
	fotográfico/a	photographic
a	fractura	fracture, broken bone
	francamente	frankly
	francês/francesa	French
o	frango	chicken
em	frente de	opposite
	frequentar	to frequent
	fresco/a	fresh
o	frio	cold
	frio/a	cold
	fritar	to fry
	frito/a	fried
a	fruta	fruit
o	futebol	football, soccer
o	futuro	future

G

a	galeria de arte	art gallery
a	garagem	garage
a	garganta	throat
a	garrafa	bottle
com	gás	sparkling [*mineral water*]
a	gasolina	petrol, gas
	gastar	to spend, to use up
o	gelado	ice-cream
a	gema	yolk
o	ginásio	gym
o	globo	globe
	gostar de	to like
	grande	big
o	grau	degree
	grave	serious
a	gripe	flu
o	guarda-chuva	umbrella
	guiado/a	guided

H

	há	there is, there are
a	habitação	housing, dwelling
a	harmonia	harmony
a	história	history
	hoje	today
	hoje em dia	nowadays
a	hora	hour
o	horário	timetable
a que	horas . . .?	(at) what time . . .?
que	horas são?	what time is it?

I

a	ida	trip, visit
a	idade	age
a	ideia	idea
a	ilha	island
	imediatamente	immediately
	imenso	a lot

o	império	empire
	importante	important
o	imposto	tax
	impressionado/a	impressed
	incrível	incredible
	indeciso/a	undecided
	indesculpável	unforgivable
	inesperado/a	unexpected
	inglês/inglesa	English
o	ingrediente	ingredient
a	instrução	instruction
	intenso/a	intense
o	intercidade	intercity train
	interessante	interesting
	interessar-se por	to become interested in
o	interesse	interest
o	interregional	regional train
	interromper	to interrupt
o	ioga	yoga
	ir	to go
	ir embora	to go away
	irlandês/irlandesa	Irish
a	irmã (pl. -ãs)	sister
o	irmão (pl. -ãos)	brother
	isso	that (thing) near you
	isto	this (thing)
	italiano/a	Italian

J

	já	already
o	jantar	dinner
	jantar	to have dinner
o	jardim	garden
	jogar	to play [sports and games]
o	jornal	newspaper
	jovem	young
	justo/a	tight

L

	lá	there
ao	lado de	next to, beside
os	lagostins	crayfish
a	laranja	orange
a	lareira	fireplace
o	leite	milk
o	leite creme	crême brulée
o/a	leitor/leitora	reader
	lembrar-se de	to remember
	ler	to read
	levantar	to lift, to raise
	levantar-se	to get up
	levar	to take
o	licor	liqueur
o/a	líder	leader
	ligar	to link, to join, to switch on
	Lisboa	Lisbon
o	litro	litre
a	livraria	bookshop, bookstore
o	livro	book
a	loja	shop, store
	Londres	London
	longe	far
no	teu lugar	if I were you
o	lume	cooker, stove
	lusófono/a	Portuguese-speaking

M

a	maçã	apple
a	madeira	wood
a	mãe (pl. -ães)	mother
	magoar	to hurt
	magro/a	thin
	mais	more
	mamã	mummy, mommy
	mandar	to instruct, to send
a	manga	sleeve
de	manhã	in the morning
a	manteiga	butter
	manter-se	to keep (oneself)
a	mão (pl. mãos)	hand
o	mapa	map
por	mar	by sea
	marcar (uma reunião)	to make an appointment, to arrange a meeting
a	marcha popular	parade
a	maré	tide
o	marido	husband
o	marisco	shelfish, seafood
	mas	but
a	massa	dough, cake mixture
	mau/má	bad
	máximo/a	maximum
a	medicina	medicine
o/a	médico/a	doctor
a	meia-noite	midnight
o	meio-dia	midday, noon
	meio/a	half
	melhor	best
a	menina	Miss
	menos	less
o	mercado	market
	mergulhar	to dip
o	mês	month
a	mesa	table
	meter	put in
o	metro	underground, subway; metre
	meu / minha	my, mine
	mil	thousand
	misturar	to mix
a	moda	fashion
o	molho	sauce
um	momento	one moment
a	montagem	assembly

239

	montanhoso/a	mountainous
	montar	to assemble
o	monte	heap
a	montra	shop window
a	moradia	detached house
	mostrar	to show
	movimentado/a	busy, bustling
a	mudança	change
	mudar	to change
	muito	very
	muito bem	good, OK
	muito/a	much (pl. many)
a	mulher	wife
a	multidão	crowd
o	mundo	world
o	museu	museum

N

	nacional	national
	nadar	to swim
	não	no, not
eu	nasci	I was born
a	nata	cream
o	Natal	Christmas
	nenhum/nenhuma	none, not any
	nervoso/a	nervous
o/a	neto/a	grandson/ granddaughter
	nevar	to snow
o	nevoeiro	mist
a	noite	night
o	nome	name
o	norte	north
	nós	we
	nosso / nossa	our
a	nota	mark, result
a	notícia	(bit of) news
o	noticiário	the news
	nove	nine
	nublado	overcast, cloudy
o	número	(size) number
	nunca	never
a	nuvem	cloud

O

	o/a/os/as	the
as	obras	repair work
	obrigado/a	thank you
	oito	eight
	olá	hi, hello
o	óleo	oil
	ontem	yesterday
	óptimo!	great! fantastic!
	óptimo/a	very good, wonderful
	ora bem	well then, right then
a	organização	organization
	organizar	to organize
	ou	or
	ou então	otherwise, or else

a	ourivesaria	jeweller's
	outro/a	other
o	ouvido	ear
o	ovo	egg
	oxalá	I wish, if only

P

a	paciência	patience
	pagar	to pay
a	página	page
o	pai	father
os	pais	parents
o	país	country
	para	for
	parabéns!	congratulations!
a	paragem do autocarro	bus stop
	parar	to stop
	parecer	to seem
o	parque de campismo	campsite
o	parque de estacionamento	car park, parking lot
a	parte	part
a	partida	game, match
	partir	to leave
o	passado	past
	passado/a	last (week, etc)
	passar	to pass, spend [time]
	passar por	to add to
	passar um cheque	to write a cheque
o	passeio	ramble, stroll
a	passerela	catwalk
a	pastelaria	café [selling cakes]
o	peito	chest
o	peixe	fish
	pelo menos	at least
que	pena!	what a pity!
a	pensão (pl. -ões)	guest house
	pensar (em)	to think (about)
o	penteado	hair-do
o	pequeno almoço	breakfast
	perder	to miss
	perder tempo	to waste time
	perder-se	to get lost
a	pergunta	question
	perguntar	to ask
	perigoso/a	dangerous
a	perna	leg
	perto de	close to, near
o	pescador	fisherman
a	pessoa	person
	pessoal	personal
a	pimenta	pepper
a	pintura	painting
a	piscina	swimming pool
a	piza	pizza
o	plano	plan
o	pneu	tyre
	poder	can, to be able to

o/a	polícia	policeman/policewoman
a	política	politics
o/a	político/a	politician
	político/a	political
	polvilhar	to sprinkle
a	ponta	point
o	ponto	point, spot
	por favor	please
à	porta	at the door
a	portagem	toll
	português/portuguesa	Portuguese
a	praia	beach
a	prateleira	shelf
	praticar	to practise
os	pratos principais	main dishes
	precisar de	to need
o	preço	price
	preferido/a	favourite
	preferir	to prefer
o	prémio	prize
	preocupado/a	worried
	preocupar-se com	to worry about
o	presente	present
	preto/a	black
	primeiro/a	first
a	prisão (pl. -ões)	prison
	privado/a	private
o	problema	problem
	procurar	to look for
o/a	professor/a	teacher
o	projecto	project
	pronto	right, so
	pronto/a	ready
o/a	proprietário/a	owner
	provável	probable
	próximo/a	next
	público/a	public, state-run
o	pudim flan	crème caramel

Q

	qual? (pl. quais?)	which?
a	qualidade	quality
	qualificado/a	qualified
	quando	when
	quanto/a?	how much?
a	quarta-feira	Wednesday
o	quarto	(bed)room
o	quarto duplo	double room
o	quarto individual	single room
	quase	nearly, almost
	quatro	four
	que	that, which, who
	que horas são?	what time is it?
	que tal ...?	how about ...?
o	que...?	what...?
	quem?	who?
	quente	warm, hot
	querer	to want, to wish
o	quilómetro	kilometre
a	química	chemistry
a	quinta-feira	Thursday

R

o/a	rádio	(m) radio (set); (f) radio (station)
a	rapariga	girl
o	rapaz	boy
	rápido/a	quick
	receber	to receive
a	receita	recipe
	receitar	to prescribe
a	recepção (pl. -ões)	hotel reception
	recomendar	to recommend
a	rede	network
a	refeição (pl. -ões)	meal
	reformar-se	to retire
	regressar	to return
a	relação (pl. -ões)	relationship
de	repente	suddenly
a	reserva (de lugar)	(seat) reservation
	respirar	to breathe
	responder	to answer
	responsável	responsible
o	resto	rest, remainder
o	resultado	result
	retirar	to remove
a	reunião (pl. -ões)	meeting
a	reunião da direcção	board meeting
	rigoroso/a	strict
o	rio	river
a	roupa	clothes
a	rua	street
	ruidoso/a	noisy

S

o	sábado	Saturday
	saber	to know
	saboroso/a	tasty
a	saia	skirt
	sair	to go out, to leave
o	sal	salt
a	sala	living room
o	salário	salary
	saltar	to jump
os	santos populares	local saints
a	sapataria	shoe shop
o	sapato	shoe
as	sardinhas grelhadas	grilled sardines
	satisfeito/a	pleased
a	saudade	nostalgia
a	saúde	health
a	Sé	cathedral
a	secção (pl. -ões)	department, section
o	século	century
	seguir	to follow
a	segunda-feira	Monday
	segundo/a	second
	seis	six
	seleccionado/a	choice, select
	sem chumbo	unleaded
	sem gás	still [mineral water]

a	semana	week
à	semana	during the week
	sempre	always
o	senhor	Mr, Sir
	sentir(-se)	to feel
a	sério	seriously
a	serra	mountain range
de	serviço	on duty
	serviço à lista	à la carte
	servir	to serve
a	sessão (pl. -ões)	session
	sete	seven
	seu / sua	his, her, their
a	sexta-feira	Friday
	sim	yes
	simpático/a	nice, pleasant [of people]
a	situação	situation
	só	only
a	sobremesa	dessert
o/a	sobrinho/a	nephew/niece
o/a	sócio/a	member
a	sopa	wine
a	sopa de legumes	vegetable soup
	subir	to rise, go up
o	sul	south
o	sumo	juice
o	supermercado	supermarket
a	surpresa	surprise

T

o	tacão (pl. -ões)	heel
o	tacho	saucepan
o	talento	talent
	talvez	maybe
o	tamanho	size
	também	also
	tarde	late
à	tarde	in the afternoon
o	técnico	technician
	telefonar	to telephone
o	telefone	telephone
o	telemóvel	mobile phone, cell phone
a	televisão (pl. -ões)	television
	tencionar	to intend
	tentar	to try to
	ter	to have
	ter a certeza	to be sure
	ter de / que	to have to
	ter fome	to be hungry
	ter pena	to be sorry
	ter razão	to be right
a	terça-feira	Tuesday
	terceiro/a	third
	teu / tua	your [informal]
o/a	tio/a	uncle/aunt
o	tipo	type, kind
	tirar fotografias	to take photos
	tocar	play [instrument]
	todo/a	every, all

	tomar	to take
o	tornozelo	ankle
a	torrada	piece of toast
	tossir	to cough
	trabalhador/a	hard-working
	trabalhar	to work
o	trabalho	work
a	tradição (pl. -ões)	tradition
o	trânsito	traffic
	traquinas	mischievous
	tratar	to see to
	trazer	to bring
	três	three
	troçar de	to make fun of
a	trovoada	thunder
	tu	you [informal]
	tudo bem	all OK

U

o	uísque	whisky
	último/a	last
	um/uma	a, one
	uns/umas	some
	usar	to wear
	utilizar	to use

V

	vá lá!	come on!
	vago/a	vacant, available
	variado/a	various
	velho/a	old
a	venda	sale
o/a	vendedor/a	salesperson
	vender	to sell
o	vento	wind
	ver	to see
é	verdade	it's true
	verdadeiro/a	true
	verificar	check
o	vestido	dress
a	vez	time
de	vez em quando	occasionally
	muitas vezes	often
a	viagem	voyage
	viajar	to travel
a	vida	life
a	vila	village
o	vinho branco/tinto	white/red wine
	vir	to come
	virar	to turn
	visitar	to visit
o/a	viúvo/a	widower/widow
	viver	to live
	você	you [formal]
o	voo	flight

o	xadrez	chess

Glossary of grammatical terms

Adjective: A word used to give information about a noun.

uma saia **preta** a black skirt as flores são **belas** the flowers are beautiful

Adverb: A word used to give information about a verb, an adjective, or another adverb. In Portuguese, most adverbs end in -mente.

andar **lentamente** to walk slowly **muito** rapidamente very quickly

Agree: To match another word in number (singular or plural), gender (masculine or feminine), or grammatical person (I, you, etc.).

Article: In English 'the' is the definite article and 'a' and 'an' are the indefinite articles. See *Definite article, Indefinite article.*

Auxiliary verbs: The verb **ter** or **ser** when used to form verb tenses or moods such as the pluperfect or passive in Portuguese.

ela **tinha** chegado she had arrived **foi** pago   it was paid

Comparative: The form of an adjective or adverb used to express higher or lower degree. See also *Superlative.*

A Laura é **menos alta** que a sua irmã. Laura is less tall than her sister.

Continuous tense: The form of a verb used to express an action which is in the process of taking place (often, in the past, as another action occurs) or is unfinished.

Present continuous: **Ele está a ler o jornal.** He is reading the paper
Imperfect continuous: **Quando nós chegámos, ela estava a ver televisão.** When we arrived, she was watching television.

Definite article: In English, the definite article is 'the'. In Portuguese, the definite articles are **a, a, os, as.**

Direct object: The noun, pronoun, or phrase directly affected by the action of the verb.

Adoro-**os**. I love them.

Ending: A letter or letters added to the stem of the verb to show the tense, subject, and number; also to nouns and adjectives, to show the number and gender.

eu fal**o**, eles diz**em** as alt**as** árvor**es**

Feminine: One of the two main genders in Portuguese. See *Gender.*

Future tense: The form of a verb used to express what will happen in the future.

Amanhã **partirei** às sete da manhã. I'll be leaving at seven tomorrow morning.

Gender: In Portuguese, all nouns have a gender, either masculine or feminine, although some (such as professions) can have both. Gender is reflected in the form of the definite or indefinite article used (o/a; um/uma). Gender also affects the form of accompanying words such as adjectives, possessive/demonstrative forms, etc.

masculine: **o gabinete, um grande homem, o seu livro, esse rapaz**
feminine: **a ponte, uma mesa pequena, a sua mãe, essa senhora**

Note: there is also a third gender, 'neuter', which is found in words like **isto** meaning 'this thing' and **tudo** meaning 'everything'.

Imperative: The form of a verb that is used to express commands or instructions, or to suggest that someone should do something.

Compre o jornal. Buy the paper.
Ajude-me! Help me!

Imperfect tense: The form of a verb used to express a continuous or repeated action in the past.

Quando eu **tinha** cinco anos, **comia** gelados todos os dias. When I was five, I used to eat ice-cream every day.

Indefinite article: In English, the indefinite articles are 'a' and 'an'. In Portuguese they are **um**, **uma**; the plural form **uns**, **umas** is used for 'some'.

Tenho **um** cão. I've got a dog.
Tenho **umas** revistas. I've got some magazines.

Indirect object: The noun, pronoun, or phrase indirectly affected by the action of the verb, usually '**to** whom' or '**to** which' it is done.

O que é que **lhe** disseste? What did you say to him?

Infinitive: The basic form of a verb which does not indicate a particular tense or number or person.

falar to speak   **ser** to be
querer to wish, to want

Intonation: The pattern of sounds made in a sentence as the speaker's voice rises and falls.

Irregular verb: A verb that does not follow one of the set patterns and has its own individual forms. Many common verbs such as **ter** ('to have'), **ser** ('to be'), and **ir** ('to go') are irregular.

Masculine: One of the two main genders in Portuguese. See *Gender*.

Neuter: An additional gender used for referring to undefined objects. See *Gender*.

Noun: A word that identifies a person, thing, place, or concept.

irmão brother   **gato** cat
jardim garden   **amor** love

Number: Indicating whether a noun or pronoun is singular or plural. Number is one of the factors determining the form of accompanying words such as adjectives and possessive forms.

singular: **un homem** a man
             uma mulher a woman
plural: **dois homens** two men
             duas mulheres two women

Object: The noun, pronoun, or phrase affected by the action of the verb. See *Direct object*, *Indirect object*.

Past participle: The form of a verb used either on its own as an adjective or in combination with the auxiliary verbs **ter** or **ser** in tenses such as the pluperfect or passive.

casado/a married
divorciado/a divorced
morto/a killed
pago/a paid

Pluperfect: The form of a verb used to relate completed actions in the distant past, i.e. those that 'had' happened.

Ela **tinha comprado** tudo o que queria. She had bought all she wanted.

Preterite: The form of a verb used to relate completed actions in the past.

Ela **acabou**. She has finished.
Ele **veio** esta manhã. He came this morning.

Person: A category used to distinguish between the 'I'/'we' (first person), 'you' (second person), and 'he'/'she'/'it'/'they' (third person) forms of the verb. The person is reflected in the verb and/or in the pronoun accompanying it.

Eu falo. (first person singular)
Eles compram. (third person plural)

Plural: Denoting more than one. See *Number*.

Possessive forms: Adjectives and pronouns used to show belonging.

Perdi **o meu** livro. I have lost my book.
Dou-te **o meu**. I'll give you mine.

Preposition: A word (e.g. **a**, **de**, **em**, **por**, etc.) or phrase (e.g. **em cima de**, **perto de**, etc.) used before a noun or pronoun to relate it to another part of the sentence.

Busco-te **à** estação. I'll pick you up at the station.
Os teus livros estão **em cima da** mesa. Your books are on the table.

Present tense: The form of a verb used to express something happening or in existence now, or as a habitual occurrence.

O Paulo **tem** dor de garganta. Paul has a sore throat.
Saímos todos os dias. We go out every day.

Pronoun: A word used to stand for a noun. Pronouns may refer to things or concepts ('it', 'them') or people ('she', 'him'), and may be indefinite ('someone', 'something').

Eu acho que **tu** tens razão, **ele** não. I think you're right, not him.
Queria **este**. I'd like this one.

Reflexive verb: A verb whose object refers to the same person as its subject. The verb form contains a reflexive pronoun, to indicate this reflexive action.
A minha mãe **levanta-se** às sete horas. My mother gets [herself] up at seven.

Regular verb: A verb that follows a common set pattern.

Singular: Denoting only one. See *Number*.

Stem: The part of a verb to which the endings showing tense, number, and person are added.

*fal*ar   eu **fal**o, tu **fal**as, nós **fal**amos   stem = **fal**

Strong object pronoun: The form of a pronoun used after prepositions.

Gosta muito de **mim**. He likes me a lot.
É para **si**. It's for you.

Subject: The noun, pronoun, or phrase that performs the action indicated by the verb.

A minha mãe estava doente. My mother was ill.
Ela tem quinze anos. She's 15.

Superlative: The form of an adjective or adverb used to express the highest or lowest degree. See also *Comparative*.

O Paulo é **o mais alto** de todos. Paulo is the tallest of all.

Syllable: A unit of pronunciation which forms either the whole or part of a word.

por (one syllable) **por-ta** (two syllables) **por-ta-dor** (three syllables)

Tense: The form of a verb which indicates when the action takes place, i.e. in the past, present, or future.

Verb: A word or phrase used to express what is being done or what has happened. It can also be used to express a state.

Ela **trabalha**. She's working.
Ele **saiu**. He has gone out.
Fazia frio. It was cold.

Word order: The grammatically appropriate way in which words go together in a sentence.

Index

In addition to the Language Building pages listed below, see also the relevant section of the Grammar Summary.